CB049245

Biblioteca Âyiné 13

CONFISSÕES DE UM HERÉTICO
Roger Scruton

Título original *Confessions of a Heretic*

© Editora Âyiné, 2021, 3. ed.
Todos os direitos reservados

Tradução André Bezamat

Preparação Juliana Amato

Revisão Fernanda Alvares, Andrea Stahel

Imagem da capa Julia Geiser

Projeto gráfico Renata de Oliveira Sampaio

Diagramação Rita Davis

ISBN 978-65-86683-69-1

Editora Âyiné
Belo Horizonte · Veneza

Direção editorial Pedro Fonseca

Assistência editorial Érika Nogueira Vieira, Luísa Rabello

Produção editorial André Bezamat, Rita Davis

Conselho editorial Simone Cristoforetti, Zuane Fabbris, Lucas Mendes

....

Praça Carlos Chagas, 49 – 2º andar
30170-140 Belo Horizonte – MG
+55 31 3291-4164
www.ayine.com.br
info@ayine.com.br

Confissões
de um herético
Roger Scruton

Tradução de André Bezamat

7	Prefácio
9	Fingir
29	Amar os animais
47	Governar corretamente
65	Dançar no ritmo
81	Construir para durar
105	Nomear o inefável
111	Esconder-se atrás da tela
133	Chorar a perda: Reflexões acerca da *Metamorphosen* de Strauss
145	Rotular a garrafa
159	Morrer na hora certa
181	Preservar a natureza
205	Defender o Ocidente

Prefácio

E sta coletânea de artigos é fruto de uma década de engajamento com a cultura britânica e norte-americana. Alguns foram publicados em papel, outros na internet, outros, ainda, estão sendo apresentados ao público pela primeira vez aqui. Descrevo-os como confissões, uma vez que revelam aspectos de meu pensamento que, caso as palavras de meus críticos sejam levadas a sério, deveriam ter sido mantidos em segredo. Reuni material de cunho acadêmico e me esforcei para incluir somente artigos que lidam com assuntos que interessam a qualquer pessoa inteligente, nos tempos voláteis em que vivemos.

Scrutopia, Natal de 2015

Fingir

«Sê fiel a ti mesmo», diz Polônio, personagem de *Hamlet*, «e não precisarás ser falso com ninguém». Viva em verdade, aconselhou Václav Havel. «Que a mentira venha ao mundo», escreveu Soljenítsin, «mas não com minha ajuda». Até onde devemos levar a sério essas frases? E como poderíamos colocá-las em prática?

Há duas maneiras de faltar com a verdade: mentir e fingir. A pessoa que mente diz algo em que não acredita. A pessoa que finge diz algo em que acredita, ainda que somente naquele momento e tendo um propósito em mente.

Qualquer um consegue mentir. Basta dizer algo com a intenção de enganar. Fingir, no entanto, é uma façanha. Envolve ludibriar as pessoas, inclusive a si próprio. O mentiroso pode se fazer de chocado quando é pego em uma mentira, mas seu fingimento é parte dela. O fingidor *fica* de fato chocado quando a falsidade vem à tona, uma vez que criou em torno de si uma rede de confiança, da qual ele próprio era um membro.

Em todas as épocas, pessoas mentiram no intuito de escapar das consequências de suas ações, e o primeiro passo na educação moral das crianças é ensiná-las a não mentir. O fingimento, todavia, é um fenômeno cultural mais proeminente em alguns períodos que em outros. Há muito pouco fingimento na sociedade descrita por Homero, por exemplo, ou na descrita por Chaucer. Na época de Shakespeare, entretanto, poetas e dramaturgos começaram a se interessar fortemente por esse novo tipo humano.

Em *Rei Lear*, as perversas irmãs Goneril e Regan pertencem a um mundo de emoções fingidas, convencendo seu pai e a si mesmas de que sentem o mais profundo amor do mundo, quando na verdade têm o coração duro como pedra. E o interessante é que elas não se veem assim, caso contrário, nunca poderiam ter tamanho descaramento. A tragédia do rei Lear começa quando os personagens sinceros – Kent, Cordélia, Edgar, Gloucester – dão espaço aos falsos.

O fingidor é aquele que recria a si mesmo com a intenção de ocupar uma posição social diferente daquela que lhe seria natural. Assim é o Tartufo de Molière, o impostor religioso que toma o controle de uma residência lançando mão de uma armação baseada na mais pura piedade fingida, tanto que seu nome se tornou sinônimo de homens que se comportam dessa maneira. Assim como Shakespeare, Molière percebeu que o fingimento se arvora no mais profundo recanto de seu agente. Tartufo não é simplesmente um hipócrita, alguém que finge possuir ideais com os quais não se importa. É uma pessoa fabricada, que acredita em seus próprios ideais, tão ilusórios quanto quem os professa.

O fingimento de Tartufo era uma questão de carolice religiosa. Com o declínio da religião ao longo do século XIX, surgiu um novo tipo de fingidor. Os poetas e pintores românticos viraram as costas para a religião e buscaram a salvação nas artes. Eles acreditavam no gênio do artista, dotado de uma capacidade especial de transcender a condição humana por meio da criatividade, quebrando todas as regras a fim de obter uma experiência de outra ordem. A arte se tornou um caminho rumo ao transcendental, a entrada para um tipo mais elevado de conhecimento.

A originalidade então se tornou o teste que distinguia a arte verdadeira da falsa. É difícil dizer em termos gerais em que a originalidade consiste, mas posso dar exemplos: Ticiano, Beethoven, Goethe, Baudelaire. No entanto, esses exemplos nos mostram como é difícil de alcançar a originalidade: ela não pode ser encontrada num lugar qualquer, ainda que aparente ter sido o caso de alguns prodígios da estirpe de Rimbaud ou Mozart. A originalidade exige estudo, disciplina, domínio de um tema específico e − o mais importante − sensibilidade e abertura a experiências que inevitavelmente envolvem solidão e sofrimento.

Adquirir o status de artista original não é, portanto, nem um pouco fácil. Contudo, em uma sociedade em que a arte é reverenciada como a maior realização cultural possível, as recompensas são enormes. E a motivação para fingir ser um artista se fortalece. Artistas e críticos se unem para se ajudarem, os primeiros posando de promotores de descobertas incríveis, e os segundos julgando-se juízes astutos, arautos das verdadeiras correntes de vanguarda.

Nesse sentido, o urinol de Duchamp virou um tipo de paradigma para os artistas modernos. É assim que se faz, dizem os críticos. Pegue uma ideia, coloque-a em evidência, chame-a de arte e mostre-se muito seguro em relação a isso. O truque foi repetido com as caixas de Brillo de Andy Warhol e em seguida com os tubarões e vacas conservados em formol de Damien Hirst. Em todos os casos os críticos se aglomeraram como pintinhos excitados ao redor do ovo inescrutável, e o fingimento foi projetado para o público com todos os aparatos necessários para ser reconhecido como algo real. O impulso do fingimento coletivo é tão poderoso que hoje em dia é raro alguém ser finalista do Turner Prize sem ter produzido um objeto ou evento que se provou artístico só porque ninguém consideraria pensar nele como tal até que os críticos o apontassem.

Gestos originais aos moldes de Duchamp não podem ser repetidos – como as piadas, funcionam apenas uma vez. Por isso o culto à originalidade leva rapidamente à repetição. O hábito de fingir se torna tão arraigado que nenhum julgamento é correto, exceto o julgamento de que o que temos diante de nós é «o real», que não pode ser falso de maneira alguma – o que, por sua vez, é um julgamento falso. Tudo o que sabemos, no fim das contas, é que tudo é arte, porque nada é.

É importante nos perguntarmos por que o culto da falsa originalidade tem um apelo tão forte em nossas instituições culturais, tanto que nenhum museu ou galeria de arte pode se dar ao luxo de não levá-lo a sério. Os primeiros modernistas – Stravinski e Schoenberg na música, Eliot e Pound na poesia, Matisse na pintura e Loos na arquitetura – uniam-se na crença de que o gosto popular havia se tornado corrupto, que o sentimentalismo, a banalidade e o kitsch haviam invadido as várias esferas da arte e eclipsado sua mensagem. As harmonias tonais haviam sido corrompidas pela música popular, a pintura figurativa perdera espaço para a fotografia; a rima e a métrica haviam sido relegadas a cartões de Natal, as histórias eram repetitivas. Tudo ao redor, no mundinho dos ingênuos e incultos, era kitsch.

O modernismo foi a tentativa de resgatar a sinceridade, a verdade e o esforço rigoroso de fazer arte do pântano das emoções fingidas. Ninguém duvida de que os primeiros modernistas obtiveram sucesso na empreitada, presenteando-nos com obras de arte dignas de inspirar o espírito humano em um novo contexto de modernidade, estabelecendo uma continuidade com as grandes tradições de nossa cultura. No entanto, o modernismo foi abrindo espaços a fingimentos constantes: a árdua tarefa de manter a tradição provou-se menos atraente do que os caminhos ordinários que haviam escolhido rejeitar. Em vez de dedicar toda uma vida ao estudo para representar o rosto de uma mulher mediante uma linguagem nova, como aconteceu com Picasso, foram possíveis casos como o de Duchamp, que simplesmente pintou uma *Mona Lisa* de bigode.

O interessante, porém, é que o hábito de fingir surgiu do medo do fingimento. A arte modernista foi uma reação à emoção fingida e aos clichês reconfortantes da cultura popular. Além disso, a ideia era substituir a pseudoarte, que nos anestesia com mentiras sentimentais, pela realidade da vida moderna, que somente a verdadeira arte consegue alcançar. Por conseguinte, já faz um longo tempo que se parte do pressuposto de que não há como existir criação autêntica na esfera das altas artes que não seja de alguma maneira um «desafio» às complacências da cultura pública. A arte tem de ser ofensiva, surgindo do futuro munida contra o gosto burguês pelo conformismo e pelo cômodo, o que nada mais é além de um sinônimo para kitsch e clichê. O resultado é que a ofensa se torna um clichê. Se o público fica tão imune ao choque o ponto de só um tubarão morto no formol lhe despertar um breve espasmo de indignação, então de fato o artista não tem outra saída a não ser produzir um tubarão morto em um tanque de formol – isso, ao menos, é um gesto autêntico.

Assim, formou-se ao redor dos modernistas uma classe de críticos e de empresários que se dedicam a explicar por que não é uma perda de tempo olhar para uma pilha de tijolos, ficar ouvindo dez minutos de um ruído infernal ou estudar um crucifixo encharcado de urina. Os especialistas começaram a promover o incompreensível e o ultrajante como algo natural, a fim de que o público não passasse a considerar redundantes os seus serviços. Para se convencerem de que são verdadeiramente progressistas, que surfam na vanguarda da história, esses empresários cercaram-se de pessoas com as mesmas motivações, promovendo-as em todos os comitês relevantes a seus status e esperando ser promovidos, em agradecimento. Assim surgiu o establishment modernista – o círculo fechado de críticos que forma a espinha dorsal das instituições culturais oficiais e semioficiais, que negociam a «originalidade» e a «transgressão», «forjando novos caminhos». Esses são os termos emitidos pelos burocratas dos conselhos de arte e dos museus sempre que querem gastar dinheiro público com coisas que nenhum deles ousaria exibir em sua própria casa. Só que esses termos são clichês, assim como tudo o que costumam enaltecer. Logo, tem-se que clichê acaba em clichê, e a tentativa de ser genuíno acaba em fingimento.

Nos ataques de outrora às formas de fazer as coisas, uma palavra era comum:

kitsch. Uma vez dita, ela pegou. O que quer que você faça, não pode ser kitsch. Eis o primeiro preceito do artista modernista, qualquer que fosse o seu meio. Em um famoso artigo publicado em 1939, o crítico americano Clement Greenberg escreveu que existem somente duas possibilidades ao artista de sua época: ou ele pertencia à corrente vanguardista, desafiando as velhas formas dos quadros figurativos, ou produzia algo kitsch. E o medo do kitsch é uma das razões da ofensividade compulsória de tanta arte produzida hoje. Não importa que seu trabalho seja obsceno, chocante, perturbador – contanto que não seja kitsch.

Ninguém sabe ao certo a origem da palavra *kitsch*, embora fosse de uso comum na Alemanha e na Áustria no fim do século XIX. Tampouco se sabe como defini-la exatamente. Contudo, sempre reconhecemos quando vemos algo kitsch. Barbie, Bambi, o Papai Noel no supermercado enquanto Bing Crosby canta «White Christmas», poodles com lacinhos nas orelhas. No Natal, somos engolfados pelo kitsch – por clichês ultrapassados que perderam a inocência sem nunca chegar a destilar nenhuma sabedoria. Crianças que acreditam em Papai Noel investem emoções reais em uma ficção. Nós, que deixamos de acreditar, temos somente emoções fingidas a oferecer. Mas esse fingimento é agradável, sentimo-nos bem com ele. Quando todos nos juntamos na encenação, a impressão é de que não estamos fingindo nada.

O escritor tcheco Milan Kundera nos ofereceu uma famosa observação: «O kitsch faz com que duas lágrimas rolem sucessivamente pelo seu rosto. A primeira diz: ‹Que legal ver as crianças correndo no gramado!›. A segunda diz: ‹Que legal me sentir emocionado, junto com toda a humanidade, com as crianças correndo no gramado!›». Em outras palavras, o kitsch não diz respeito à coisa observada, e sim ao observador. A emoção não se deve à boneca vestida com tanto cuidado, mas ao fato de *você* a estar vestindo. O sentimentalismo funciona assim: ele redireciona a emoção do objeto para o sujeito, criando uma fantasia de emoção sem o custo real de senti-la. O objeto kitsch encoraja a pensar «Como sou adorável experimentando esse sentimento, veja só». É por isso que Oscar Wilde, referindo-se a uma das cenas de morte mais desagradáveis de Dickens, disse que «o homem precisa ter um coração de pedra para não rir da morte do pequeno Nell».

Esse era o motivo, resumidamente, pelo qual os modernistas tinham tanto horror ao kitsch. Eles acreditavam que, ao longo do século XIX, a arte havia perdido sua capacidade de distinguir as emoções precisas e reais de suas substitutas vagas e autossatisfatórias. Nos quadros figurativos, nas músicas tonais, nos poemas cheios de clichês do amor heroico e a da glória mítica, encontramos a mesma doença – o artista não explorava o coração humano, só criava um substituto empolado, com o propósito de colocá-lo à venda.

É claro que você pode utilizar os estilos do passado, mas não pode levá-los a sério. Porque, caso contrário, o resultado será kitsch – produtos padronizados, baratos, produzidos sem grandes esforços e consumidos sem pensar muito. Quadros figurativos se tornam cartões de Natal, música se torna algo sem substância e sentimental, a literatura descamba para o clichê. Kitsch é arte fingida, que expressa emoções fingidas cujo propósito é enganar o observador, fazendo-o pensar que sente algo sério e profundo, quando na verdade não sente nada.

Entretanto, evitar o kitsch não é tão fácil quanto parece. Você poderia tentar ser ultrajantemente vanguardista, fazendo algo que ninguém nunca teria pensado em fazer e chamando de arte; talvez ridicularizar um ideal cultuado ou um sentimento religioso. Mas isso também acaba conduzindo ao fingimento – originalidade forçada, significância falsa, um novo tipo de clichê, como vemos em muito da Britart. Você pode até posar de modernista, mas isso não irá, necessariamente, fazer de você um Eliot, um Schoenberg ou um Matisse, que souberam tocar o coração moderno em seus recantos mais profundos. O modernismo é difícil; ele requer competência em uma tradição artística, bem como a arte de abandonar uma tradição para dizer algo novo.

Essa é uma razão para a emergência de toda uma nova indústria artística, que chamo de «kitsch preventivo». A severidade modernista é difícil e impopular, por isso os artistas, em vez de evitar o kitsch, foram ao encontro dele, motivando o surgimento de Andy Warhol, Allen Jones e Jeff Koons, entre outros. A pior coisa que existe é se sentir culpado de ter produzido algo kitsch involuntariamente; o bom mesmo é produzi-lo deliberadamente, pois dessa forma ele deixa de ser kitsch e se torna um tipo de paródia sofisticada. O kitsch preventivo estabelece citações referenciais em torno do verdadeiro kitsch, e com isso espera preservar as suas credenciais artísticas. Pegue por exemplo uma estátua de Michael Jackson abraçando seu chimpanzé de estimação, Bubbles, pinte com cores exageradas e adicione uma camada de verniz, então molde a figura de forma que pareça a Virgem Maria e seu filho; atribua uma expressão piegas a seu rosto, como se quisesse causar em seus espectadores uma irresistível vontade de vomitar, e o resultado é algo tão kitsch que não pode mais ser classificado como kitsch. Jeff Koons com certeza queria dizer algo mais, pensamos, algo sério e profundo que nos passou despercebido. Seu trabalho artístico pode ser uma forma de interpretar o kitsch, deixando-o tão kitsch que se torna metakitsch, por assim dizer.

Ou pegue Allen Jones, cuja arte consiste em móveis feitos a partir de formas femininas retorcidas, bonecas com calcinhas que deixam as partes sexuais à mostra, visões infantis vulgares e desagradáveis da mulher, tudo marcado por sentimentos tão fingidos quanto a expressão de uma modelo na passarela. Novamente o resultado é tão evidentemente kitsch que não pode ser kitsch. O artista certamente está nos contando algo sobre nós – sobre nossos desejos e paixões – e nos forçando a confrontar o fato de que gostamos do kitsch, ao mesmo tempo que o ridiculariza sem retoques ou eufemismos. Em vez de colocar nossos ideais imaginários em molduras douradas, ele nos oferece lixo envolto em referências.

O kitsch preventivo é o primeiro elo de uma corrente. O artista finge se levar a sério, os críticos fingem julgar a sua obra e o establishment modernista finge que o promove. No fim de todo esse fingimento, alguém que não consegue perceber a diferença entre o que é real e o fingimento decide que deve comprá-la. Somente após esse ato a cadeia chega a um fim, e o valor real desse tipo de arte se revela – no caso, o valor monetário. O comprador, obviamente, precisa acreditar que o que adquiriu é verdadeira arte, e, portanto, intrinsecamente valiosa, um pechincha. Caso contrário, o preço refletiria o fato óbvio de que qualquer um – inclusive o comprador – poderia fingir ter uma obra de arte. A essência das coisas falsas é que não são realmente elas mesmas, mas suas substitutas. Assim como objetos vistos em espelhos paralelos, elas se repetem infinitamente, e a cada repetição o preço aumenta, até que um cachorro de bexiga de Jeff Koons, algo que qualquer criança poderia conceber e muita gente poderia fazer, chegue a ser vendido pelo maior valor já pago a um artista vivo – a não ser pelo fato, claro, de que ele não é um artista.

Falsa originalidade, falsa emoção e o falso conhecimento dos críticos – tudo isso está por aí em tamanha abundância que mal sabemos onde procurar o real. Ou será que o real não existe? Talvez o mundo da arte seja de fato um grande fingimento do qual todos nós participamos, uma vez que, no fim das contas, não há nenhum custo, a não ser para pessoas como Charles Saatchi, ricas o suficiente para investir em sucata. Talvez tudo seja arte se alguém diz que é. Talvez não exista um juiz qualificado. «É questão de gosto», fala-se. É assim que as coisas caminham. Mas será que não há como rebater essas asseverações? Não temos mesmo como diferenciar a arte verdadeira da fingida, ou dizer por que a arte importa? Exporei algumas sugestões propositivas.

Primeiro, entretanto, precisamos ignorar os fatores que distorcem nosso julgamento. Quadros e esculturas podem ter dono, podem ser comprados e vendidos. Tanto que há um vasto mercado para eles, que possuem um preço, tenham ou não valor. Oscar Wilde definiu o cínico como aquele que conhece o preço de tudo e o valor de nada. E o mercado de arte é inevitavelmente gerido por cínicos. Pilhas de lixo se acumulam nos nossos museus porque possuem um preço. Não se pode obter uma sinfonia ou um romance da mesma forma que se pode obter uma obra de Damien Hirst. Por conseguinte, há bem menos sinfonias fingidas ou romances fingidos do que falsas obras de artes visuais.

As coisas também são distorcidas pelos canais de patrocínios oficiais. O Conselho de Arte existe para subsidiar artistas, escritores e músicos cuja obra é importante. Mas como os burocratas definem o que é importante? A cultura lhes diz que uma obra é importante se é original, e a prova de que uma obra é original é o fato de o público não apreciá-la. Além disso, se o público *realmente* gostasse de uma obra de arte, por que ela precisaria de subsídio? O patrocínio oficial, consequentemente, favorece inexoravelmente obras enigmáticas, chocantes ou sem sentido, em vez daquelas que possuem apelo real e duradouro.

Qual é, então, a fonte de tal apelo? E como julgamos se uma obra de arte o possui ou não? Três palavras resumem a minha resposta: «beleza», «forma» e «redenção».

Para muitos artistas e críticos a beleza é uma ideia sem valor. Ela denota as cenas silvestres melosas e melodias cafonas que encantavam as nossas avós. A mensagem modernista, de que a arte deve mostrar a vida como ela é, sugere a muita gente que, se você almeja a beleza, acabará no kitsch. No entanto, isso é um erro. O kitsch diz quão legal você é, oferecendo sentimentos fáceis a baixo preço. A beleza diz para você parar de pensar em si mesmo, e despertar para o mundo dos outros. Ela diz: «olhe para isso, escute isso, estude isso, porque é mais importante que você». O kitsch é um meio para emoção barata, enquanto a beleza é um fim em si mesma. Nós atingimos a beleza deixando nossos interesses de lado e permitindo que o mundo *se abra* diante de nós. Há várias formas de fazer isso, mas a arte é indiscutivelmente a mais importante, uma vez que se nos apresenta com a imagem da vida humana – nossa própria vida e tudo o que ela significa para nós – e nos pede para olhá-la diretamente, não para que possamos retirar algo disso, mas para que consigamos dar algo de nós a ela. Por meio da beleza a arte limpa o mundo de nossa obsessão por nós mesmos.

Nossa necessidade humana de beleza não é algo de que podemos prescindir se queremos ser pessoas realizadas. É uma necessidade que surge de nossa natureza moral. Podemos vagar pelo mundo, alienados, ressentidos, cheios de suspeitas e desconfianças. Ou podemos encontrar nosso lar aqui, vivendo em harmonia com os outros e com nós mesmos. E a experiência da beleza nos guia ao longo desse segundo caminho: ela nos diz que o mundo é nosso lar, que já é um lugar ordenado às nossas percepções, adaptável a formas de vida como a nossa. É isso que vemos nas paisagens de Corot, nas maçãs de Cézanne ou nas botas desamarradas de Van Gogh.

A verdadeira obra de arte não é bela da mesma forma que um animal, uma flor ou uma paisagem. É algo criado conscientemente, em que a necessidade humana de forma triunfa sobre a aleatoriedade dos objetos. Nossas vidas são fragmentadas e distraídas: as coisas têm início em nossos sentimentos e não encontram sua completude. Muito pouco nos é revelado para que possamos compreender totalmente o seu significado. Na arte, entretanto, criamos um domínio da imaginação em que todo começo encontra seu fim e cada fragmento faz parte de um todo significativo. O tema de uma fuga de Bach parece se desenvolver em seu próprio acorde, preenchendo o espaço musical, movendo-se de maneira lógica até seu desfecho. Mas isso não é um exercício de matemática. Todo tema, em Bach, é grávido de emoção, movendo-se no ritmo da vida interior de seus ouvintes. Ele nos leva a um lugar imaginário e nos apresenta ali a imagem de nossa própria realização. Da mesma forma, Rembrandt captura cada mancha no rosto de uma face envelhecida e mostra como cada detalhe representa um aspecto da vida interior, de modo que a harmonia formal das cores retrate a completude e a unidade da pessoa. Em Rembrandt vemos um caráter integrado em um corpo desintegrado. E só podemos reverenciá-lo.

A perfeição formal não pode ser alcançada sem conhecimento, disciplina e atenção aos detalhes. As pessoas estão começando a entender isso lentamente. A ilusão de que a arte jorra de nós e a ideia de que o único propósito de uma escola artística é abrir as torneiras já não são levadas a sério.

Já se foi o tempo em que se podia criar um alvoroço embrulhando construções em tecido, como o artista Christo, ou sentar-se diante de um piano e ficar em silêncio por quatro minutos e 33 segundos, como John Cage. Para ser realmente moderno, você tem de criar obras de arte que peguem a vida moderna com todas as suas disjunções e a encham de significado e resolução, como fez Philip Larkin em seu grande poema «The Whitsun Weddings». Um compositor pode preencher suas peças com sons dissonantes e conjuntos de acordes, como Harrison Birtwistle; porém, se ele não souber nada de harmonia e de contraponto, o resultado não passará de barulho sem sentido, não música. Um pintor pode simplesmente espalhar tinta, como faz Jackson Pollock, porém o real conhecimento das cores é adquirido pelo estudo do mundo natural e descobrindo suas próprias emoções refletidas nas tinturas secretas das coisas, como foi o caso de Cézanne, que encontrou a paz em um prato de maçãs.

Se olhamos para os verdadeiros apóstolos da beleza em nosso tempo – refiro-me a compositores como Henri Dutilleux e James MacMillan, pintores como David Inshaw e John Wonnacott, poetas como Ruth Padel e Charles Tomlinson, prosadores como Italo Calvino e Georges Perec – ficamos imediatamente impressionados com a enorme quantidade de trabalho produzido por eles, seu isolamento tão dedicado, a atenção aos detalhes que caracterizam suas obras de arte. Na arte, a beleza deve ser *conquistada*, e o trabalho é árduo, enquanto a ignorância que nos cerca floresce. Diante da dor, da imperfeição e da fugacidade de nossos afetos e alegrias, perguntamos «por quê?». Precisamos de conforto. Buscamos na arte a prova de que a vida nesse mundo tem sentido e de que o sofrimento não é algo tão absurdo como muitas vezes aparenta, e sim uma parte necessária de um todo maior e redentor. As tragédias nos mostram o triunfo da dignidade sobre a destruição e da compaixão sobre o desespero. De um modo que sempre será um mistério, atribuem ao sofrimento uma completude formal que restaura o equilíbrio moral. O herói trágico é completado ao longo de seu destino; sua morte é um sacrifício, e esse sacrifício renova o mundo.

A tragédia nos faz lembrar que a beleza é uma presença redentora em nossas vidas; é a face do amor brilhando no meio da desolação. Não deveríamos nos surpreender de que muitas das mais belas obras da arte moderna tenham surgido como reação ao ódio e à crueldade. Os poemas de Akhmátova, os escritos de Pasternak e a música de Shostakovitch lançaram uma luz sobre a escuridão do totalitarismo, iluminando o amor em meio à destruição. Algo similar pode ser dito acerca dos *Quatro quartetos* de Eliot, do *War Requiem*, de Britten, da capela de Matisse em Vence.

O modernismo surgiu porque artistas, escritores e músicos se agarraram à visão da beleza como uma presença redentora em nossas vidas. E esta é a diferença entre a obra de arte real e o fingimento: ela é uma obra de amor, enquanto a arte fingida é um engodo.

Amar os animais

Moro numa fazenda de pasto, numa parte da Inglaterra em que uma fina superfície recobre um subsolo de argila. É possível cultivar grama nesse solo; mas não é possível ará-lo sem revirar a argila, na qual nada cresce; portanto, a terra só serve para alimentar animais que vivem ali mesmo ou por perto. Refiro-me a vacas, ovelhas, porcos e frangos, como exemplo de animais domésticos, aves de caça, como exemplo de animais selvagens, e cavalos para equitação. Os mais lucrativos, ao menos na nossa fazenda, são os cavalos, que atraem pessoas que ganham dinheiro *de verdade* no campo e as encorajam a investir esse dinheiro na grama. A situação daqueles que tentam transformar grama em dinheiro já é muito mais complicada. Não obstante, no fim das contas, vejo nossa pequena fazenda como um belo exemplo de parceria entre homens e animais. Todos eles vivem em um ambiente ao qual estão adaptados, desfrutam de relativa liberdade e são salvos por nossas intervenções do sofrimento que acompanha a velhice e as doenças, ou mesmo de uma morte agonizante causada por um ferimento. Na maioria dos casos, isso também se aplica à vida selvagem. As aves de caça ou são alvejadas ou são comidas por raposas; ratos e outros roedores são vítimas dos urubus e gaviões; peixes são engolidos rapidamente pelas garças. São raras as mortes em decorrência de idade, doenças ou ferimentos, e fazemos o possível para ajudar os animais selvagens quando chega o inverno, seja dando restos de comida para os carnívoros, seja distribuindo milho e nozes para os pássaros.

É claro que há muita coisa a ser melhorada, e alguns aspectos de nossa administração me tiram do sério. Por exemplo, o fato de que nossos afetos naturais favorecem alguns animais em detrimento de outros. Nós nos esforçamos para garantir que os predadores sobrevivam ao inverno rigoroso, mas não fazemos quase nada em relação aos ratos do campo, ao mesmo tempo que procuramos acabar com os ratos comuns. Não os envenenamos, uma vez que isso acabaria atingindo as corujas, os gaviões e as raposas que se alimentam deles. Mas a verdade é que interferimos na ordem natural das coisas, e não conseguimos enxergar uma vida na fazenda sem essa interferência. Lebres são bem-vindas, coelhos, nem tanto; arminhos e doninhas gozam de nossa proteção; corvos e pica-paus não ousam se aproximar. Nunca encontrei alguém do interior que não faça algum tipo de escolha desse tipo, e quando leio a respeito de «santuários de vida selvagem» me pergunto até onde eles pensam levar sua jurisdição no intuito de proteger espécies que, deixadas à própria sorte, transformariam um habitat viável em um deserto – como esquilos-cinzentos, gansos-do-canadá e corvos-marinhos.

Embora eu me preocupe com nossa intromissão na ordem das coisas, conforta-me o fato de que espécies que nunca haviam sido vistas na fazenda antes de eu comprá-la há vinte anos passaram a se assentar na área, como dom-fafes, lavandiscas, francelhos, antílopes, arminhos e cobras-d'água-de-colar. Temos vários tipos de abelhas e os lagos estão repletos de sapos, pererecas e libélulas. Mas também temos vizinhos – de longe a maior ameaça para os animais que habitam nossas terras. Não me refiro aos fazendeiros, pessoas que cuidam de suas terras mais ou menos da mesma forma que nós. Refiro-me àquelas pessoas que se mudaram para o campo para desfrutar da tranquilidade, que é um subproduto das fazendas de outras pessoas, e trazem sua própria horda de bichos – animais adorados, que aproveitaram de todos os confortos que uma vida na cidade grande pode oferecer. São os cães e gatos dessas pessoas que trazem mais perigo para o que tanto tentamos equilibrar, e não consigo evitar algumas conclusões acerca da distinção entre o jeito certo e o jeito errado de amar os animais.

Um vizinho tem um cachorro com o qual passeia pela trilha pública, deixando-o livre para fazer incursões pelas cercas vivas. Ele faz o que todos os cachorros fazem: cheira e cheira e, quando encontra algo para caçar, sai em busca de sua presa. No inverno, quando se escondem sob as folhas, guardando energia da melhor forma possível, os pássaros não sobrevivem à perseguição diária. Os mesmo se passa com as lebres, os coelhos e os ratos do campo. é claro que nossa vizinha se recusa a admitir que seu cachorro seja capaz de matar essas criaturas que persegue com tanto ardor – ele só obedece ao que sua natureza lhe impõe. O mesmo vale para os arminhos, os faisões e qualquer outro animal atrás do qual corra. A diferença é que o cachorro tem sempre uma casa quentinha para onde voltar no fim do dia e um jantar à sua espera, que consiste de outros animais espremidos em uma lata, enquanto seus oponentes passam fome e mal têm tempo de se recuperar para o combate do dia seguinte.

Outro vizinho tem dois gatos – belos animais, que sabem simular afeto enquanto vigiam tudo o que acontece ao redor, com seu ar de espécie dominante. Tanto gatos como cães são predadores; mas os cães podem ser treinados para não matar. É possível condicioná-los a direcionar seus instintos caçadores a determinada espécie em particular ou a atividades mais úteis do ponto de vista humano, como pastorear ovelhas ou coletar aves caçadas. O que não acontece com os gatos. Tudo, em sua natureza, tende ao instinto de matar, e, embora possam ser bastante mimados para atenuar esses instintos, eles são, pelo mesmo processo, mimados para renunciar à própria natureza. Um gato de verdade gosta de sair, e, quando ele sai, quer matar. As distinções entre competições justas e injustas, entre vermes e espécies que devem ser protegidas, entre amigo e inimigo — nenhuma dessas distinções significa coisa alguma para um gato, que foge de casa para caçar passarinhos, ratos do campo, jararacas e outras criaturas inofensivas sem ter nada em mente além do apetite por sangue. Estima-se que, todo ano, 180 milhões de aves selvagens e mamíferos sejam vítimas de gatos no Reino Unido.[1] O gato doméstico é, sem exceções, a espécie alheia mais devastadora que já foi colocada em nossa ilha, e o pior de tudo isso é que, graças ao sentimentalismo dos britânicos amantes dos animais, atirar neles é crime.

O amor tem inúmeras formas, e não há nenhuma razão para supor que meu amor pelos animais da fazenda e pela fauna selvagem seja de alguma forma superior ao amor de meus vizinhos por seus animais de estimação. No entanto, duas questões deveriam ser levantadas acerca de cada um dos amores: ele beneficia o objeto? e beneficia o sujeito? Independentemente de concordarmos ou não com Oscar Wilde, que disse, cheio de sentimento, que «cada um mata

---

1 Michael Woods, Robbie A. McDonalds e Stephen Harries, «Predation of wildlife by domestic cats Felis catus in Great Britain». *Mammal review*, Mammal Society, 33, 2003, pp. 174-88. Disponível em: <https://www.researchgate.net/publication/228812037_Predation_of_wildlife_by_domestic_cats_Felis_catus_in_Great_Britain>.

aquilo que ama», é certamente verdade que existem amores que destroem seus objetos, e as razões são dadas por Blake:

> O amor busca somente a autossatisfação
> Para atrelar o outro ao seu deleite,
> Regozija-se na intranquilidade do outro
> E ergue um inferno às custas do céu.

Há amores que escravizam, sufocam, exploram e abusam. E há amores que corrompem o sujeito, dando-lhe uma falsa e lisonjeira visão de si, bem como um quadro reconfortante de sua própria amabilidade gratuita. O amor não é bom em si mesmo; é bom quando é virtude e ruim quando é vício. Nesse caso, temos de ouvir Aristóteles e afirmar que o bom não é amar, mas amar o objeto certo, na ocasião certa e na intensidade certa.[2] Aprender como amar e aprender o que é o amor faz parte do crescimento; e o amor, como qualquer emoção, tem de ser disciplinado para que não caia no sentimentalismo, de um lado, ou, de outro, na dominação.

Há muita literatura que escolhe o amor entre os seres humanos e os animais como tema, e a nenhum de nós faltam exemplos para ilustrar como essa relação entre espécies pode ser boa ou ruim. Sou tão suscetível a amar animais de estimação como

---

2 Adaptando as aclamadas observações acerca da raiva em *Ética a Nicômaco*, livro 4, cap. 5.

qualquer outra pessoa, tanto que ainda me lembro de meu cachorro de infância, uma criatura repulsiva, desprovida de toda virtude canina, como um objeto de emoções profundas e carentes. Quando meu cavalo Barney, por quem nutria grande amor, morreu na minha frente durante uma caçada, fiquei abalado por um bom tempo, até colocar os olhos em seu sucessor. Normalmente os gatos têm uma queda por mim. Eles se espreguiçam à minha frente e se acomodam em meu colo sem noção alguma do desdém que sinto pela espécie. Mesmo assim, nada disso me impede de perguntar quando e como é certo amar um animal.

O primeiro ponto a pensar é que o amor aos animais raramente significa amor a um animal específico. Amo os animais da fazenda, embora poucos dentre eles sejam objetos específicos do meu amor: é a presença de dom-fafes, não um dom-fafe em particular, que me agrada, e para isso faço tudo o que posso. É claro que me preocupo ao ver uma ave ou um mamífero mal, e faço de tudo para ajudar, mas isso não é amor, é apenas bondade. Com os cavalos é diferente, pois sinto algo especial em relação a eles, conhecendo suas fraquezas e suas características e montando-os, muitas vezes sem sela, circunstância na qual dependemos um do outro para a nossa segurança e até sobrevivência. Dessas situações surge uma conexão especial – o elo que fez com que Alexandre, o Grande, velasse o bravo Bucéfalo e construísse uma cidade em sua homenagem. Contudo, não se pode dizer que os cavalos tratem os donos como *indivíduos*, ou que sejam capazes de sentir o mesmo tipo de afeto. Eles sabem distinguir um lugar seguro de um perigoso; reconhecem uns aos outros e se relacionam; sabem que tipo de tratamento esperar dependendo da criatura sobre duas pernas que se aproxima para cuidar deles. Porém seus afetos são fracos, desfocados e facilmente substituíveis. Barney, aos meus olhos, tinha muito de Bucéfalo: corajoso, ansioso por ser o primeiro a sair a galope, obediente diante do perigo. Era daí que nascia minha fonte de afeto: não tinha nada a ver com guardar um lugar especial em seu coração para mim, como eu fazia com ele.

Agora parece-me que existem maneiras ruins de amar um cavalo, tanto para o animal quanto para aquele que o ama. Um amor que enxerga o cavalo como um brinquedo, cujo propósito é satisfazer os caprichos do dono, ser um objeto de mimo e carinho que o próprio animal não tem a menor condição de compreender e retribuir – tal amor é, na verdade, uma falta de consideração. E um tipo de corrupção. Uma pessoa que trata um cavalo com tanto mimo ou está enganando a si mesma ou tirando prazer de um afeto fantasioso, usando o cavalo como meio para liberar suas próprias emoções, o que, no fim das contas, acaba se tornando a sua real preocupação. O cavalo se transforma então em um objeto de amor-próprio, um amor pouco relacionado ao objeto que o despertou. Esse amor não leva em consideração o cavalo e não está muito longe de se equiparar à cruel negligência para com o animal, quando ele perde (e esse dia chega) seu encanto superficial. Cavalos que recebem tal tipo de tratamento costumam ser descartados como brinquedos usados. E é inclusive o exemplo do boneco que, segundo a filosofia do amor, ilustra o tipo mais pungente de erro. As crianças exercitam a afeição com seus bonecos: é como desenvolvem as expressões, os hábitos e os gestos que vão evocar a proteção e o amor daqueles ao seu redor. Mas esperamos que, justamente por essa razão, elas os larguem um dia e comecem a exercitar o amor de verdade – o amor que tenha um custo para aquele que o sente, se coloca nas mãos de outra pessoa e forma a base para laço recíproco de atenção.

Cada espécie funciona de um jeito, e não há dúvida de que os cães não só respondem à afeição de seus donos, como se apegam a *indivíduos*, que se tornam insubstituíveis – tanto que o sofrimento de um cão pode nos comover de tal forma que nós, seres com acesso a vários meios para nos consolar, chegamos a senti-lo. A dedicação focada de um cão – quando ocorre (e nem todos os cães são capazes disso) – é uma das coisas mais comoventes que podemos receber do mundo animal, exacerbada pelo fato de que é uma necessidade, não um presente.[3] Parece-me que o destinatário de tamanho amor está responsabilizado pela criatura que lhe oferece isso, o que cria um ambiente propício ao amor, algo que devemos levar em consideração. O dono de um cão amoroso tem uma responsabilidade que vai além daquela do dono de um cavalo. Negligenciar ou abandonar um cão é trair uma confiança que cria uma obrigação objetiva em relação a um indivíduo. Sendo assim, minha vizinha está correta em achar que sua obrigação para com seu cachorro vem antes da minha para com a vida selvagem. Afinal, ela ocupa um extremo da relação de confiança, de modo que seria uma deficiência moral de sua parte receber todo o carinho que seu cão lhe proporciona enquanto lhe nega uma recompensa facilmente executável. Não a julgo, portanto, por sua atitude irritante e intransigente em defesa de seu amor para com seu bichinho: a culpa é minha, assim como é minha a culpa por me estressar com o egoísmo das famílias nos trens, sempre tão ávidas para garantir os melhores lugares. Todos temos uma esfera de amor, e isso implica obrigações com as pessoas que a habitam.

---

3 Entre os muitos relatos afetivos desse relacionamento na literatura, separo aqui o de George Pitcher, *The Dogs Who Came to Stay* (Nova York: Dutton, 1995), já que conheço o autor e conheci os cães.

Dito isso, ainda temos de traçar uma linha entre o jeito certo e o errado de amar um cachorro. Como todo animal, eles são indivíduos. Mas eles têm, se é que se pode expressar dessa forma, um grau maior de individualidade do que pássaros, e ainda maior do que os insetos. Com isso quero dizer que seu bem-estar está mais envolvido com sua natureza específica, as circunstâncias, seus afetos e seu caráter do que o bem-estar das outras espécies. Um pássaro se relaciona com seu entorno na condição de membro de uma espécie, não como alguém que criou para si uma rede de relacionamentos permeada de medos e expectativas. O cão amoroso depende de certos indivíduos e sabe que é dependente. Ele responde ao seu ambiente de maneiras que distingue os indivíduos que fazem parte dele, e reconhece demandas que lhe são diretamente endereçadas, às quais sabe que deve suprir. Suas emoções, embora simples, são *condicionadas*, e carregam as marcas de toda uma história de relação mútua.

Dessa forma, é possível identificar no comportamento de um cão algo relacionado com as interações interpessoais encontradas nas relações humanas. O cão não é uma pessoa, mas é como se fosse uma a partir do momento em que incorpora traços humanos adquiridos por meio da experiência, chegando a ser quem é devido a relações específicas com certas pessoas de seu convívio. Então por que digo que ele não é uma pessoa? A resposta, sem muitas delongas, é: a individualidade de uma pessoa está situada em um plano metafísico diferente daquele dos animais, mesmo dos que os amam como indivíduos. As pessoas se identificam usando a primeira pessoa, reconhecem-se como «eu» e fazem escolhas baseadas nessa identificação. São soberanas em seu mundo, e a distinção entre o eu e o outro, o «meu» e o «não meu», decidir e não decidir, está em cada pensamento e cada ação sua.

O cão que olha nos olhos de seu dono não está julgando, não o está lembrando de suas responsabilidades nem se colocando no papel de um indivíduo que possui liberdade e direitos próprios. Está somente reivindicando algo junto a alguém de sua própria tribo, na esperança de que sua vontade seja feita. Em nada disso há um encontro de «eus» que diferencie pessoas entre todas as coisas da natureza, ou, ainda, como disse Kant, que mostra que o ser humano não faz parte da natureza. Embora eu me relacione com meu cão na condição de indivíduo, essa condição está em um plano de individualidade que ele não consegue atingir. Ideias como responsabilidade, dever, direito e liberdade, que governam minhas intenções, não existem em seu pensamento. Para ele sou outro animal – um animal especial, é claro, mas ainda assim alguém que existe no mesmo plano dele e cujas deliberações nunca compreenderá, a não ser em termos da inquestionável unidade do ser que é a soma dos afetos caninos.

Parece-me que o jeito certo de amar um cão é amá-lo não como se fosse uma pessoa, mas como uma criatura que cresceu no limite da humanização, para assim podermos olhar para uma área que é opaca para ele mas de onde emergem sinais que, por outro lado, ele compreende de uma maneira distinta que fomos nós que enviamos. Se basearmos nosso amor por nosso cão na premissa de que é uma pessoa assim como nós, acabamos fazendo mal tanto a ele quanto a nós mesmos. Fazemos mal a ele a partir do momento em que lhe exigimos coisas que nenhum animal é capaz de fazer – atribuindo-lhe responsabilidades que não fazem o menor sentido para um cachorro. Sentiremos a obrigação de mantê-lo vivo, assim como com outros seres humanos, por causa de uma relação que, por ser pessoal, é eterna. Parece-me que uma pessoa ama o seu cão errado quando se recusa-se a sacrificá-lo nos casos em que seu estado de saúde é irreversível. No entanto, para mim o pior não é o sofrimento que implica para o animal, mas aquele pelo qual passa o dono. O amor de um cão é gratuito. O maior criminoso pode ser amado por um cão. Nenhum cão exige que seu companheiro seja virtuoso ou honrado: independentemente do caráter de seu provedor, ele pulará em seu colo após um dia de ausência. Cães não julgam, e seu amor é incondicional somente devido ao fato de que não tem noção de «condições». Pode-se esperar de um cão, pois, uma motivação que independe de toda ação moral de nossa parte. E é justamente isso que vemos por toda parte: a diminuição dos afetos humanos, que sempre é condicional e depende de um trabalho moral, e o aumento do amor gratuito pelos animais de estimação.

Quem busca esse amor quer duas coisas ao mesmo tempo: preservar a inocência pré-lapsariana de seu objeto e acreditar, ao mesmo tempo, em sua capacidade de julgamento moral. O cão é um animal tolo, portanto incapaz de agir mal; mas justamente por essa razão é visto como correto em seus julgamentos, dedicando seu afeto a objetos que o merecem e apoiando o dono com o seu amor. Essa é a causa primária de todo o sentimentalismo para com a vida animal que torna um filme como *Bambi* algo tão nefasto − ao fazer com que as pessoas tratem animais como bonecos, acreditando que são «direitos» e dotados de vantagens morais. Mas não se pode ter tudo na vida: ou os animais se encontram fora da esfera do julgamento moral, ou não. Se estão fora, seu comportamento não pode ser tomado como prova de sua «inocência». Caso estejam dentro, algumas vezes cometerão erros, e devem carregar o peso da culpa.

O amor humano funciona de várias maneiras. Em sua forma mais elevada, vem como uma dádiva, oferecida livremente para outra pessoa, com a promessa de apoio. Mas tal amor não vem de graça. Há sempre um custo para o sujeito, bem como para o objeto. O amor pode ser traído pelo objeto a partir do momento em que este não se mostra merecedor de recebê-lo e incapaz de retribuí-lo. Passar por essa experiência é uma das maiores provas para o ser humano. Justamente por essa razão o amor impõe um custo ao objeto, uma vez que se sente obrigado a atingir as expectativas de tamanho amor, fazendo o máximo para se mostrar merecedor. O amor é um desafio moral com o qual nem sempre deparamos; na busca por ele, procuramos nos desenvolver e viver corretamente. É por isso que suspeitamos tanto de gente que não ama – pessoas que não oferecem amor e que, portanto, normalmente tampouco o recebem. Não é que elas estejam fora do círculo de afetos humanos. É só que estão separadas do principal motivador de bondade humana: o desejo de atender às demandas de alguém com quem se importam mais do que consigo mesmas.

Se de fato concebemos o amor humano dessa maneira, podemos ver claramente que todos temos uma grande motivação para evitá-lo: não somos beneficiados ao evitá-lo, e isso sempre será um erro, como nos ensina a tragédia de *Rei Lear*.[4] Não obstante, a vida é mais simples sem o amor interpessoal, uma vez que existem formas de amor mais

---

4   Ver o importante artigo de Stanley Cavell, «The Avoidance of Love: A Reading of the *King Lear*», in: *Must We Mean What we say?*, ed. atualizada. Cambridge: CUP, 2002.

básicas, abaixo do radar do julgamento moral. E esse é *o porém* de tratar um animal de estimação com tantos mimos. Eles acabam sendo uma rota de fuga da afeição humana, o que torna as relações supérfluas. Evidentemente, as pessoas podem passar por momentos em que se veem tão abatidas pela vida, tão privadas do amor humano que, sem nenhuma culpa, passam a dedicar-se a cuidar de um animal, com a intenção de manter acesa a chama da afeição. É o que acontece em *Um coração simples*, de Flaubert, em que a dedicação da protagonista ao papagaio não está relacionada a um fracasso moral. Porém esse tipo de dedicação, que é fruto de um sentimento moral genuíno, é uma virtude de quem o demonstra, e pouco tem em comum com a «febre dos Bambis» que tanto cresce à nossa volta e que procura reescrever a história de nossa relação com animais em termos de direitos.

Já me posicionei contra a ideia de direitos do animais.[5] Minha convicção é fruto não de desrespeito por eles, mas de respeito pela razão moral e pelos conceitos – direito, dever, obrigação, virtude – que ela emprega e dos quais dependem todos os pontos que constituem os traços distintivos da autoconsciência. No entanto, talvez o maior dano causado pela ideia de direito dos animais caia sobre eles próprios. Elevados dessa

---

5   Ver Roger Scruton, *Animal Rights and Wrongs*. Londres: Continuum, 2002.

maneira ao plano da consciência moral, veem-se em uma posição em que são incapazes de responder às distinções que exige a moralidade. Os animais não sabem diferenciar certo e errado; não podem reconhecer o significado de prestação de contas ou as obrigações vinculativas da lei moral. Por causa disso nós os julgamos simplesmente em termos de sua capacidade de compartilhar o ambiente doméstico, de tirar proveito de nosso afeto, e de tempos em tempos retribuí-lo a seu modo dependente e quieto. E é justamente isso que engendra nosso favoritismo sem escrúpulos – aquele que fez meu país considerar que atirar em gatos é um crime, independentemente de quão destrutivo possa ser seu comportamento, enquanto envenenar ratos é uma ação digna de aplausos, afetando profundamente toda a cadeia alimentar, da qual várias espécies dependem.

Não é que tenhamos de deixar de amar nossos animais favoritos: uma vez que eles dependem desse amor, devemos continuar fornecendo-o. Contudo, temos de reconhecer que, ao amá-los como se fossem *indivíduos*, estamos colocando em risco outros animais que não recebem o mesmo carinho e afeto. Amando os nossos cães e gatos, interferimos na ordem natural, e isso é sentido como um grande prejuízo para os pássaros e os animais do campo. E, embora essas criaturas não tenham direitos, isso não quer dizer que não tenhamos deveres para com elas – deveres que se tornam mais sérios e exigentes à medida que expandimos e dominamos habitats que confiscamos sem nenhum escrúpulo e aproveitamos sem nenhum remorso. A nossa falta de escrúpulos é amplificada por comportamentos sentimentais alimentados pelo amor aos animais de estimação, o que planta em cada um de nós o desejo de afetos tranquilos, gratuitos e autocomplacentes e que, assim, enfraquece a nossa capacidade de exercitar a virtude humana, fator do qual a natureza tanto depende.

Governar corretamente

Em seu discurso de posse, Ronald Reagan anunciou que «o governo não é a solução do nosso problema; o governo é o problema», e sua observação tocou fundo o coração de seus apoiadores conservadores. Os conservadores americanos, exortados a definir suas posições, reiteraram a mensagem de que «o governo está inchado». A aparente expansão incontornável das regulações, o crescente controle do dia a dia das empresas, do espaço público e até mesmo das famílias, a constante invenção de cada vez mais crimes e delitos, visando controlar como e com quem nos associamos, as tentativas de limitar os direitos da primeira e da segunda emenda – tudo isso era visto pelos conservadores com grande desconfiança, como algo que, ao que parecia, estava levando a América para uma nova direção longe daquela de associações livres de cidadãos que se autogovernam, vislumbrada pelos pais fundadores da nação, e rumo a uma sociedade de servos obedientes, dispostos a trocar sua liberdade e suas responsabilidades pelas benesses de um Estado onipresente. Basta olhar para a Europa para ver o resultado dessa atitude.

Os países europeus são governados por uma classe política que consegue escapar de prestar contas pelo que acontece atrás das portas fechadas das suas instituições. Elas confeccionam uma infinidade de leis e regulações sem fim sobre cada aspecto da vida, desde a quantidade de horas por dia que se deve trabalhar até os direitos das minorias sexuais. Em todo lugar da União Europeia o politicamente correto faz com que seja difícil tanto manter quanto respeitar os preceitos que violam as ortodoxias impostas pelo Estado. Leis antidiscriminatórias forçam muitos crentes a ir contra os ensinamentos de sua fé – no que diz respeito à homossexualidade, à pregação pública e à exibição de símbolos religiosos. Ativistas no Parlamento Europeu buscam impor em todos os Estados da União Europeia, independentemente da cultura, da fé e da soberania local, o direito irrestrito ao aborto, bem como tipos de «educação sexual» desenvolvidos com a intenção de preparar os jovens como se fossem commodities para o mercado sexual, em vez de garantirem que se tornem adultos responsáveis, maduros o suficiente para enfrentar as dificuldades que o amor e o compromisso demandam.[1]

Uma certa histeria de repúdio tomou conta dos círculos formadores de opinião europeus, e agora se pega um por um dos

---

1   Ver os relatórios de Lunacek, Estrella e Zuber, membros do Parlamento Europeu, que podem ser encontrados analisados no site da European Dignity Watch (<europeandignitywatch.org>).

costumes de mais de 2 mil anos para proibi-los ou distorcê-los de tal maneira que acabam se tornando uma caricatura de seu real significado. E tudo isso acompanha a gradual transferência da vida econômica das empresas privadas para o governo central, de forma que na Itália e na França mais da metade dos cidadãos recebem salário do governo, ao passo que os pequenos negócios lutam desesperadamente para se adequarem às inúmeras regulações do regime que parece existir apenas para eliminá-los.

Muitas dessas tendências estão sendo replicadas nos Estados Unidos. O Estado do bem-estar social se expandiu para muito além do que pretendia o New Deal, e a Suprema Corte está cada vez mais à vontade para impor uma moralidade da elite liberal ao povo americano, queira ele ou não. Essas tendências aumentam a sensação, entre os conservadores, de que o governo está tomando conta de tudo. Os Estados Unidos, eles pensam, estão abdicando dos direitos e da liberdade de seus cidadãos em troca da falsa segurança que provê um Estado controlador de tudo. Certas ações que só o governo é capaz de executar – a defesa do território, a manutenção da lei e da ordem, a manutenção da infraestrutura e a coordenação de ajuda em casos de emergências – acabam competindo por orçamento com iniciativas que os cidadãos livres, por sua própria conta, conseguiriam desenvolver com muito mais eficiência por meio de associações de voluntários, apoiadas, sempre que necessário, pelas seguradoras privadas. Não foram essas associações de voluntários que possibilitaram, para Alexis de Tocqueville, o experimento americano, mostrando que a democracia não é uma forma de desordem, mas outro tipo de ordem, que consegue conciliar a liberdade do indivíduo com a obediência à lei geral?

A fragilizada sociedade europeia serve, pois, como um aviso aos conservadores, e reforça sua crença de que os Estados Unidos devem reverter essa tendência da política moderna, que fez com que o Estado se arrogasse poder e responsabilidades que pertencem à sociedade civil. É contra isso que se levanta o Tea Party, e foi com esse mesmo espírito que a bancada partidária republicana se uniu para lutar contra o Obamacare, chegando ao ponto de arriscar a própria probidade fiscal da nação e polarizar o povo. É pertinente, portanto, não só considerar o lado ruim do governo – o qual os americanos podem reconhecer facilmente –, mas também o lado bom. Os conservadores americanos estão correndo o risco de parecer totalmente desprovidos de qualquer opinião positiva a respeito do governo, como se sua única função no parlamento fosse se opor a qualquer programa federal, não importa quão importante seja para o futuro e para a segurança da nação. O mais importante é que parecem estar perdendo a noção da ideia de que o governo não somente é natural à condição humana, mas também uma expressão das lealdades conservadas ao longo dos tempos, as quais conectam gerações e gerações em uma relação de comprometimento mútuo.

A verdade é que o governo, de um tipo ou de outro, está em todas as nossas tentativas de viver em paz com o próximo. Temos direitos que nos blindam daqueles que escolhemos para nos governar – muitos deles antigas *common laws*, como aquela a que se deu o nome de *habeas corpus*. Mas esses direitos só são reais porque há um governo que os garante – mesmo que contra nossa própria vontade, caso seja necessário. O governo não é o que muitos conservadores pensam ser, nem o que a esquerda acredita que é quando não está no poder – um sistema de poder e dominação. O governo é a busca por ordem, e por poder somente a partir do momento em que o poder se faz necessário em nome da ordem. Ele está presente nas famílias, nas vilas, nas associações de vizinhos e nos «pequenos pelotões» celebrados por Edmund Burke em seu livro *Reflexões sobre a revolução na França* e por Alex de Tocqueville em *A democracia na América*. Está no primeiro movimento afetivo e de boa vontade, que é de onde os laços da sociedade florescem. Nada mais é do que o outro lado da liberdade e aquilo que faz com que a liberdade seja possível.

Rousseau nos disse que «nascemos livres», argumentando que temos apenas de remover as correntes que nos foram impostas pela ordem social se quisermos desfrutar de todo o nosso natural potencial. Embora os conservadores americanos demonstrem ceticismo em relação a essa ideia e tenham se mantido firmes contra sua influência destrutiva durante a radical década de 1960, eles possuem uma tendência natural a aderir a ela. São herdeiros da cultura pioneira. Idealizam o empreendedor solitário, que toma para si a responsabilidade de seus projetos e abre espaço para que o resto de nós o siga timidamente. Esse personagem, elevado a proporções míticas nas obras de Ayn Rand, possui, em encarnações menos exageradas, um lugar de direito na história americana. Contudo, a história confunde as pessoas, fazendo-as imaginar que o indivíduo livre existe no estado de natureza e que nos libertamos quando removemos as amarras do governo. Nada poderia estar mais longe da verdade.

Nós não somos, no estado de natureza, livres; tampouco somos indivíduos, dotados de direitos e deveres, capazes de tomar as rédeas de nossas vidas. Somos livres por natureza porque *tornamo-nos* livres ao longo de nosso desenvolvimento. Esse desenvolvimento depende, em todos os aspectos, de uma rede de relacionamentos que nos conecta com um mundo social mais amplo. Somente alguns tipos de redes de relacionamento encorajam as pessoas a se verem como indivíduos, blindados por seus direitos e ligados por seus deveres. Somente em determinadas condições as pessoas se unem em sociedade não por uma necessidade orgânica, mas por livre consenso. Colocando de maneira simples, o indivíduo humano é uma construção social. E a emergência do indivíduo ao longo da história é parte do que distingue nossa civilização de tantas outras que existiram na história da humanidade.[2]

Portanto, nós, indivíduos, mesmo com profundas suspeitas em relação ao governo, possuímos uma necessidade ainda mais profunda dele. O governo é envolto pelas próprias fibras do tecido social. Emergimos como indivíduos porque nossa vida social foi moldada dessa forma. Quando, no primeiro impulso de afeição, uma pessoa se torna amiga de outra, surge imediatamente entre elas uma relação de prestação de contas. Prometem-se coisas. Elas se unem em uma teia de obrigações mútuas. Se uma fere a outra, há um «acerto de contas», e a relação fica ameaçada até que alguém peça desculpas. Elas planejam coisas, compartilham suas ideias e esperanças, expressam alegria e culpa. Em tudo o que fazem juntas existe uma prestação de contas. Se essa relação de prestação de contas falha, então o que deveria ser amizade torna-se, em vez disso, uma forma de exploração.

O mundo ostenta muitos sistemas políticos nos quais a relação básica de prestação de contas não emergiu ou foi distorcida em

---

2 Ver Larry Siedentop, *Inventing the Individual: The Origins of Western Liberalism*. Londres: Penguin, 2014.

interesses de família, partido, ideologia ou tribo. Se há uma lição a ser aprendida da chamada Primavera Árabe, é certamente esta: os governos que foram depostos não prestavam contas para a população da qual dependiam. As tiranias do Oriente Médio deixaram um vazio em sua esteira, uma vez que não havia instituições, procedimentos legais, costumes ou tradições que resguardassem a relação de prestação de contas da qual toda verdadeira arte de governar depende – a arte de governar conforme a entendemos como indivíduos. Nas tiranias árabes só havia poder, exercido por intermédio de família, tribo ou confissão, e sem nenhuma preocupação com o cidadão, individualmente, ou com a nação como um todo. Em tais circunstâncias, livrar-se de um tirano só abre as portas para o próximo tirano, não sem antes submeter a sociedade a um estado de caos geral, no qual valentões e fanáticos despejam sua violência por toda parte.

No dia a dia também existem pessoas que se relacionam com os outros sem se preocuparem com prestação de contas. Elas estão presas a um jogo de dominação. Se estão construindo um relacionamento, não é um relacionamento *livre*. Um relacionamento livre é aquele que garante direitos e deveres para ambas as partes, elevando a conduta dos dois lados para um nível mais alto no qual o mero poder dá lugar a uma verdadeira mutualidade de interesses. É isso que está implícito na segunda formulação do imperativo categórico de Kant, que nos impele a tratar seres racionais como fins, não meios – em outras palavras, a basear nossas relações em uma teia de direitos e deveres. Essas relações livres não são apenas formas de afeto: são formas de obediência, em que a vontade da outra pessoa exerce o direito de ser ouvida. Esta, como a vejo, é a mensagem de Kant: indivíduos soberanos também são sujeitos obedientes, que interagem uns com os outros na base do «eu» com o «eu».

Há outras maneiras de expressar essas verdades sobre a nossa condição. Mas as vemos representadas na própria vida humana: na família, na equipe, na comunidade, na escola e no ambiente de trabalho. As pessoas se tornam livres aprendendo a se responsabilizarem por suas ações. Essa responsabilidade é construída a partir das relações estabelecidas com os outros, sujeito para sujeito. Os indivíduos livres a quem os fundadores da nação se referiam eram livres apenas porque criavam laços com a sociedade, chegando ao ponto de se responsabilizarem totalmente por suas ações e conferindo a cada um os direitos e os privilégios que estabeleceram um tipo de igualdade moral entre eles.

Em outras palavras, em nossa tradição, governo e liberdade têm a mesma fonte: a disposição humana em cobrar de seus semelhantes a responsabilidade por suas ações. Nenhuma sociedade livre pode se realizar sem colocar em prática essa disposição, e a liberdade que os americanos tanto estimam como direito é simplesmente o outro lado do seu hábito de reconhecer as profundas obrigações que cada cidadão tem para com a sociedade. Quando confrontados com uma emergência local, os americanos se unem para enfrentá-la, ao passo que os europeus ficam esperando que o Estado os socorra. É isso que temos em mente quando dizemos que os Estados Unidos são a «terra da liberdade». Não nos referimos a uma terra sem governo, mas a uma terra com *esse* tipo de governo – que surge espontaneamente entre indivíduos responsáveis.

Um governo assim não é imposto de fora: cresce dentro da comunidade, como uma expressão dos afetos e dos interesses que a unem. Ele não necessariamente coloca tudo em votação, mas respeita cada participante e reconhece que, em última análise, a autoridade do líder deriva do fato de as pessoas aceitarem ser lideradas por ele. Foi por isso que as comunidades de pioneiros americanos criaram rapidamente suas próprias leis, formando clubes, escolas, esquadrões de resgate e comitês no intuito de lidar com as necessidades que não davam conta de resolver sozinhas, necessitando da cooperação de vizinhos. O hábito associativo que tanto impressionava Tocqueville não era apenas uma expressão de liberdade: era um movimento instintivo na criação de um governo no qual uma ordem compartilhada conteria e amplificaria as responsabilidades dos cidadãos.

Quando os conservadores resmungam contra o governo é contra um governo que lhes parece ter *sido imposto de fora*, como se fosse um governo de uma força de ocupação estrangeira. Exatamente o tipo de governo que cresceu na Europa durante a época do comunismo e que está crescendo novamente sob a égide da União Europeia. E é fácil ver que uma forma hostil e semelhante de governo está criando raízes nos Estados Unidos, como resultado de uma política liberal que consiste em arregimentar o povo de acordo com crenças morais que, em certa medida, lhe são estranhas. Mas isso seria um grande erro, e – por ser um erro que muitos conservadores cometem – chegou a hora de alertar contra ele.

O governo emerge em pequenas comunidades como sendo a solução para o problema de coordenação. As regras surgem não necessariamente como comandos designados por alguma autoridade central, mas como convenções a que todos aderem espontaneamente – como a convenção que dita as boas maneiras. Ninguém faz objeção a um juiz local ou legislador que presta contas para o povo por ser um deles, ou contra o comitê de planejamento local que convida todos a expressarem de maneira igual suas opiniões antes da decisão final. Hayek e outros estudaram essas formas de «ordem espontânea», da qual a *common law* – a grande dádiva que nós do mundo inglês compartilhamos – talvez seja o exemplo mais vívido. Seus argumentos sugerem que, à medida que as sociedades vão ficando maiores e passam a incorporar mais e mais territórios, mais e mais formas de vida e de ocupação distintas, os problemas de coordenação aumentam. Chega um ponto em que a coordenação não pode ser feita de baixo, ou seja, pela vontade natural dos cidadãos de atender aos desejos e aos planos de seus vizinhos. É nessa hora que a coordenação começa a ter a necessidade de um governo que age de cima, o qual estabelece regras e regulamentos para toda a comunidade, e possui o que Weber chamava de «monopólio da força» – em outras palavras, um sistema de sustentação da lei que não tolera rival.

É essa nossa condição. Reconhecer isso, é claro, não significa que eu esteja desmerecendo as críticas em relação ao governo moderno, que se tornou demasiadamente invasivo, determinado a impor hábitos, opiniões e valores que não são bem-vistos por muitos cidadãos, e motivado a colocar obstáculos no caminho da livre-iniciativa e das livres associações. Contudo, esses efeitos não resultam do governo. São resultado da maneira de pensar liberal, circunscrita a uma pequena elite dentro da nação. O papel dos conservadores é criticar aqueles que estão usando o governo de forma indevida, tentando alargar sua alçada para além dos limites que a maioria reconhece espontaneamente. O conservadorismo deveria ser a *defesa* do governo contra seu abuso pelos liberais.

Essa causa foi prejudicada graças à dificuldade de muitos conservadores de entender o verdadeiro significado de Estado de bem-estar social. Durante o século XX, ficou claro que muitas questões que anteriormente não haviam sido contempladas no processo político chegaram à pauta pública. Os políticos começaram a reconhecer que, caso o governo quisesse desfrutar do apoio daqueles que não tinham uma vantagem comparativa na sociedade, ele deveria oferecer algum tipo de *quid pro quo*. Isso ficou patente nas duas grandes guerras, em que pessoas de todos os níveis da sociedade tiveram de lutar e, se necessário, morrer. Por que deveriam fazer tudo isso, uma vez que a sociedade em que estavam inseridos não lhes recompensava à altura? O princípio fundamental de que o Estado tem uma responsabilidade para com o bem-estar dos cidadãos tornou-se, assim, amplamente aceito. Esse princípio nada mais é do que a versão em larga escala da crença compartilhada pelas pequenas sociedades de que a comunidade tem de cuidar de seus integrantes quando estes se mostram incapazes de fazê-lo por conta própria.

A emergência do Estado de bem-estar social foi, portanto, uma consequência inevitável da democracia popular à luz de uma guerra total. Se o Estado de bem-estar social se tornou controverso nos últimos tempos, não foi por ser uma ruptura com a ideia natural de governo. Isso se deu por ele ter se expandido a tal ponto que enfraqueceu a sua legitimidade. Como podemos ver tanto no exemplo americano quanto no europeu, políticas de bem-estar social podem levar à criação de uma classe socialmente disfuncional. Sustentadas sem trabalhar, pessoas de geração em geração perdem o hábito de prestar contas, dão as costas para a liberdade e se fecham em patologias sociais que abalam a coesão da sociedade.

Esse resultado é o oposto daquele que se tinha em mente, e chegou-se a ele parcialmente devido à crença da esquerda liberal de que somente os ricos devem prestar contas, uma vez que são os únicos verdadeiramente livres. O pobre, o indigente e o vulnerável são, de acordo com esse ponto de vista, essencialmente isentos de culpa, e nada de mal que surge em virtude de sua conduta pode lhe ser atribuído de fato. Essas pessoas não são responsáveis pela própria vida, visto que não foram «qualificadas» para isso. A responsabilidade por sua condição passa a ser do Estado. A única questão é o que mais o Estado deveria fazer por eles para remediar os problemas advindos parcialmente de sua própria benevolência.

Entretanto, essa maneira de ver as coisas reflete uma falsa concepção de governo. As responsabilidades exercidas por ele se baseiam na prestação de contas dos cidadãos. Quando o governo cria uma classe que não presta contas, ele ultrapassa sua alçada, fragilizando a relação da qual depende sua legitimidade.

Por conseguinte, a maneira pela qual a esquerda liberal enxerga o mundo leva a uma concepção de governo que os conservadores veem com muita desconfiança. De acordo com essa visão – nitidamente encarnada na filosofia de John Rawls –, o Estado existe para alocar o produto social. Os ricos não são ricos de verdade, já que suas posses não são realmente suas. Todos os bens, aos olhos da esquerda liberal, não são de ninguém até serem distribuídos. E o Estado os distribui de acordo com um princípio de «justiça» que não leva em conta o legado moral de nossos livres acordos ou os efeitos morais de uma subclasse subsidiada pelo Estado.

Na visão da esquerda liberal, portanto, governar é a arte de dominar e redistribuir as coisas boas às quais todo cidadão tem direito. Isso não é a expressão de uma ordem social preexistente moldada pelos nossos livres acordos e pela nossa disposição natural em cobrar responsabilidades de nossos vizinhos. É criar e administrar uma ordem social de acordo com a doutrina dominante de justiça, imposta às pessoas por meio de decretos que vêm de cima para baixo. Onde quer que essa concepção prevaleça, o governo se agiganta, ao mesmo tempo que vai perdendo sua autoridade interna. Ele se torna o «Estado-mercado», de Philip Bobbit, que oferece um acordo com seus cidadãos em troca de impostos e não exige lealdade ou obediência além de um respeito pelos termos dos acordos assinados.[3]

---

3 Ver Philip Bobbit, *A guerra e a paz na história moderna: o impacto dos grandes conflitos e da*

No entanto, esse Estado já não encarna o *éthos* de uma nação, não exercendo nenhum tipo de lealdade além daquela de uma rede de lojas qualquer. Como se vê nas democracias da Europa, as exibições públicas de patriotismo, lealdade compartilhada e orgulho do passado resumem-se a alguns espasmos desconexos, e a classe política como um todo começa a ser vista com sarcasmo e desdém. O governo deixa de ser *nosso* e se torna *deles* – propriedade de uma burocracia sem face, da qual, entretanto, todos nós dependemos, para o nosso conforto.

Essa mudança na fenomenologia do governo é marcante, mas ainda não foi concluída nos Estados Unidos. Americanos comuns ainda conseguem enxergar seu governo como uma expressão de sua unidade nacional. Eles sentem orgulho da bandeira, do Exército, das cerimônias nacionais e de seus ícones. Procuram maneiras de «integrar-se» ao sonho americano, oferecendo tempo, dinheiro e energia a suas próprias uniões locais. Almejam reivindicar o país como seu por direito, bem como compartilhá-lo com seus vizinhos. Ignoram seus conflitos com o intuito de reafirmar uma herança política e social compartilhada e ainda veem as instituições do Estado com respeito. Nos assuntos essenciais, acreditam que o presidente não representa um partido político ou uma

---

política na formação das nações. Trad.: Cristiana de Assis Serra. Rio de Janeiro: Campus, 2003.

ideologia, mas a nação – o que significa todos nós, unidos na ordem espontânea que nos fez viver juntos nesta terra.

Em outras palavras, americanos comuns têm uma concepção de governo que não é somente natural, mas divergente da perspectiva da esquerda liberal, que o vê como uma máquina de redistribuição. Ao atacar essa ideia, os conservadores deveriam deixar claro que defendem uma alternativa real e natural. Eles estão defendendo que o governo é uma expressão simbólica e de autoridade que reflete nosso profundo dever de prestar contas de nossos atos.

Isso não significa dizer que os conservadores estão agarrados a uma concepção libertária de um Estado mínimo. O crescimento das sociedades modernas criou necessidades que os velhos padrões das livres associações já não podem satisfazer. Porém a resposta correta não proíbe o Estado de se intrometer nas áreas de bem-estar social, saúde, educação, e por aí vai, mas de limitar sua contribuição ao ponto em que as iniciativas dos cidadãos possam mais uma vez tomar a dianteira. Conservadores querem uma sociedade guiada pelo espírito público. Mas o espírito público cresce somente entre pessoas que são livres para colocá-lo em prática e assim gozar de seu resultado. O espírito público é uma forma de empresa privada, que morre quando o Estado se agiganta. É por isso que a caridade privada desapareceu quase que completamente da Europa continental e hoje só aflora nos países anglo-saxões, onde a *common law* está sempre a lembrar seus cidadãos de que eles devem prestar contas aos outros em nome da liberdade que desfrutam.

Os conservadores, portanto, têm a obrigação de delinear o verdadeiro domínio do governo, assim como de alertar quando ele ultrapassa sua área de atuação e atrapalha a liberdade dos cidadãos. Mas me parece que eles falharam na hora de oferecer ao eleitorado uma direção crível para isso, justamente porque fracassaram em compreender que a liberdade que defendiam não está em livrar-se *de um* governo, mas em outro tipo de governo, um governo melhor – um governo que encarne tudo aquilo que confiamos aos nossos vizinhos a partir do momento em que nos juntamos a eles para formar uma nação.

Dançar no ritmo

Os vasos gregos antigos muitas vezes mostram imagens de dançarinos, alguns deles dançando em conjunto, outros ao som de melodias que os demais nem podem ouvir. Seus corpos aparentam uma autossuficiência particular: suas pernas e seus braços dão a impressão de refletir uma força interna, enquanto os rostos estão sempre inclinados, como se os dançarinos estivessem absortos em seus pensamentos. Dançar, essas imagens sugerem, é uma ocupação que envolve o sujeito por inteiro, bem como uma exibição de graça e completude da alma. Assim como as tragédias áticas indicam, era a forma preferida de apresentar a comunidade no palco, e os versos declamados ou cantados pelo coro eram declamados ou cantados segundo passos rítmicos complexos. Eles tanto uniam o coro em um único organismo social quanto impunham uma disciplina elaborada, elevando nossa consciência das palavras e da solenidade da ocasião.

Dançar, para os gregos, não era meramente parte de um drama, um espetáculo comparável ao balé moderno. Era também uma ocasião social, embora homens e mulheres dançassem separadamente. Meninas eram educadas nos coros. Elas aprendiam a declamar, cantar e dançar juntas; mas não podiam dançar com homens sem arriscar a sua reputação. Os poemas de Safo provavelmente eram dirigidos às outras meninas de seu coro. O coro transmitia uma educação que objetivava unir a alma ao corpo da virgem em uma única imagem contínua de graça conjugada.

A separação dos sexos na dança sobreviveu no Mediterrâneo até os anos de minha juventude, e os gregos eram especialmente bons nisso, sempre munidos de roupas nacionais ou locais, dançando em formação que acompanhava seus ritmos complexos e por vezes irregulares, que foram sendo transmitidos ao longo dos séculos. Os homens dançavam de maneira atlética em formações que frequentemente parodiavam uma batalha, e as mulheres acompanhavam, dançando com uma espécie de hilaridade gentil que era uma maravilha de ver.

A dança, como retratada nos vasos gregos, mostra como os seres humanos são diferentes dos outros animais, e mais elevados que eles. Ela é, para usar um termo de Nietzsche, uma arte apolínea, que conhece totalmente os ideais da razão e a eles se curva. É um epítome das virtudes e da graça ordenadamente regido pela razão e pelas regras, do qual depende a estabilidade da sociedade. Se teve ou não uma versão dionisíaca também e se foi ou não dessa versão que emergiu a forma de arte da tragédia, é outra discussão. Talvez Nietzsche tivesse razão quanto a isso. Talvez estivesse errado. Ao escrever *O nascimento da tragédia*, talvez estivesse compensando sua frustração por ser ele próprio um pária social. Talvez o frenesi dionisíaco retratado por Eurípides em *As bacantes* fosse algo *além* da dança, mas também abaixo dela – um lapso no sentido de uma condição meramente animal, da qual a experiência da tragédia tem como um de seus objetivos nos resgatar. Em todo caso, vejo os vasos, os poemas de Safo, os coros trágicos e as descrições de música de Platão e de outros apontando em direção a uma visão diferente da dança, como uma «efervescência coletiva», para pegar emprestada a bela frase de Durkheim.[1] A dança é uma atividade social, na qual exaltamos e idealizamos nossa natureza racional. Ela expressa a liberdade e a disciplina unidas em um único gesto, ao mesmo tempo que está sujeita às demandas da ordem social.

Vejamos aquele quadro ideal da dança grega antiga. Embora não corresponda à realidade, ele nos permite dizer coisas importantes acerca do declínio da dança nos dias atuais. Todos os jovens precisam dançar, e – a menos que as convenções sociais proíbam – precisam dançar de forma que sua natureza sexual fique exposta. Coloque um grupo de jovens na presença de música rítmica e todos vão começar a se mover no

---

1 Émile Durkheim, *As formas elementares da vida religiosa*. Trad. Paulo Neves. São Paulo: Martins Fontes, 2003.

mesmo compasso e coordenar seus movimentos. Eles podem formar casais e ficar de rosto colado, corpo a corpo, levando braços e pernas para o ar em movimentos sincronizados. Hoje, porém, esses movimentos raramente envolvem passos coreografados; eles não são aprendidos, são espontâneos. Os dançarinos tendem a evitar contato, uma vez que não existe uma convenção acerca da forma como deveria acontecer o contato.

Para fazer com que os jovens dancem dessa maneira é preciso que superem sua estranheza. O medo dos diálogos, a carência de conversas e sua falta de jeito generalizada são o resultado natural da educação à qual foram expostos, direcionada a retirar toda a ideia de elegância, distinção e graça de seus comportamentos, virtudes antiquadas vistas como elitistas e politicamente incorretas. Mas, ainda assim, os jovens precisam dançar, e esse objetivo pode ser atingido desde que haja música alta o suficiente para que seja impossível conversar e que os ritmos proporcionem bastantes espasmos para que as pernas se movam intuitivamente de um lado para o outro, aos moldes das patas de um sapo eletrocutado. A melhor música para esse propósito não é aquela produzida por uma banda, uma vez que bandas gostam de ser apreciadas e ouvidas, adaptando-se ao humor de sua audiência. A melhor música para esse propósito é produzida por uma máquina, talvez um mínimo resquício de ser humano tenha alguma parte nessa criação. Assim surgiu o fenômeno do DJs, alguém que não cria a música, só controla uma variedade de sons pelo computador no intuito de manipular os movimentos da multidão. A música se transforma em instrumento de controle de massa, nas mãos de alguém cuja posição não se justifica por nenhum talento que possa desculpar tamanha concentração de poder.

Uma vez que os jovens caiam na pista nesse ritmo o desejo agudo de encontrar um parceiro desperta naturalmente, dado que a música sugere movimentos e união sexuais. Então eles tendem a formar pares, pulsando ambos no mesmo ritmo, em geral sem se olharem e certamente sem se falarem, ainda que profundamente conscientes de seus corpos, como coisas repletas de movimentos governados por máquinas. Seus corpos se tornam objetos sexuais, desprovidos de personalidade, visto que a personalidade é uma ideia relacional, e nenhuma relação existe em uma pista de dança que não seja entre corpos. Portanto, quando essa dança acontece, é terrível ver crianças e velhos aderindo: primeiro porque extrapola os limites do sexualmente permitido, segundo porque sugere uma perda de dignidade e vergonha social.

O espetáculo que descrevi está para a dança da mesma forma que um bando de gente comendo hambúrgueres na esquina está para um jantar de gala. Ele representa um vazio social em uma área em que no passado era exibida, desfrutada e exaltada nossa maior forma de humanidade compartilhada, e expõe interações animalescas no lugar de relações pessoais. Infelizmente, da mesma forma que o dinheiro sujo desmerece o dinheiro limpo, a dança ruim toma o lugar de seu antepassado de qualidade em um evento em que se requer música. Casamentos, bailes de formatura, festas de quinze anos – todos os lugares em que formas elegantes e sociáveis de dança dariam um significado fundamental ao evento – agora são dominados por DJs e sua música alta inibidora de conversas que não tem nenhuma virtude além de seu pulso galvanizador.

O que quero dizer com antigas formas de dança? Não me refiro ao coro grego, certamente, mas a algo que me vem claramente à memória e que, de tempos em tempos, é ainda ressuscitado, como o *ceilidh* dos escoceses e o *tancház* dos húngaros. Penso numa dança que mantém cinco características. Primeiro, é na maioria das vezes executada em pares e, para exibir um impacto total, pode ser apresentada com música ao vivo, executada por uma banda que esteja tão envolvida nos movimentos quanto aqueles que os executam. Segundo, envolve passos formais, que devem ser aprendidos de maneira que faça com que as pessoas se movam coordenadamente. Terceiro, exige parceiros ou grupos de dança predefinidos, pessoas que se completam no intuito de formar um todo harmônico. Algumas vezes se pode trocar de parceiro – e isso é uma das coisas mais interessantes da dança escocesa, ver-se dançando com completos estranhos, pessoas de todas as idades e até do mesmo sexo. Quarto, ela envolve padrões, formações, rotações, jeitos de criar um movimento ordenado melhor do que o individual. E, finalmente, essa dança deve ter uma conclusão, chegando a um ponto em que todos os turnos foram desempenhados, todos os pares foram trocados ou todas as variações executadas.

Somente aqueles que já participaram desse tipo de dança entendem o ponto alto a que se chega no final. Ao contrário do mundo dos DJs, essas danças expressam não um excitamento, mas uma verdadeira alegria; não prazer, mas felicidade. A alegria é atingida quando fazemos algo que não seja um meio para chegar a um fim, mas que é um fim em si mesmo, e quando estamos unidos a outros na mesma sintonia em prol disso. Essa sintonia valida nossa natureza racional e nos mostra que somos de fato livres.

Talvez seja um modo um tanto ou quanto kantiano de apresentar a questão, mas não sou o único filósofo que vê dessa maneira. Temos aqui Schiller falando sobre o que ele chama de dança «inglesa», apesar de ter em mente a tradição escocesa:

> A primeira lei da fidalguia é: tenha consideração pela liberdade dos outros; a segunda: demonstre a sua liberdade. O cumprimento correto de ambas é infinitamente difícil, no entanto a fidalguia exige que a busquemos incessantemente, e isso por si só leva ao cosmopolitismo. Não conheço imagem

mais apropriada do ideal das belas relações do que a convoluta dança inglesa tão bem executada. O espectador na plateia assiste a inúmeros movimentos que se cortam, cheios de cores, e que mudam de direção animadamente e sem trombar. Tudo é organizado de maneira que o primeiro abre espaço para o segundo antes deste chegar, tudo se une tão habilmente e ao mesmo tempo tão naturalmente que parece que cada um segue seus próprios instintos sem se atrapalhar. Essa é a imagem mais apropriada de uma liberdade pessoal conservada, que respeita a liberdade dos outros.

O que Schiller percebeu é que o tipo de disciplina envolvida na formação de uma dança existe não somente para restringir nossa liberdade, mas também para desenvolvê-la. Por meio da dança ficamos conscientes de nossa liberdade e conscientes de que ela é uma condição social compartilhada. É precisamente porque nossos movimentos não são meios para um fim, mas fins em si mesmos, que os vivenciamos como movimentos da pessoa como um todo. O eu faz-se presente nos movimentos da dança, é nela encarnado e fica cara a cara com o outro que o completa.

Refiro-me a esse fenômeno como o «estar junto» da dança, e apoio meu pensamento na autoridade da imortal Xântipe.[2] A dança

---

2   Ver R. Scruton (Org.), *Perictione in Colophon.* South Bend: St Augustine's, 2001, cap. 1.

de formação tradicional envolve uma postura para com o outro, o parceiro. Ela inclui integralmente o outro e o integra como um ser livre, cujos movimentos são consensualmente relacionados aos seus próprios. Esse «estar junto» é uma espécie de molde para as outras relações sociais, uma forma de mutualismo que ilustra a gentileza de nossa raça e molda a habilidade de se acomodar e se desviar dos outros nas relações de reciprocidade.

É muito claro que ele não faz parte das danças dos DJs que descrevi anteriormente. Os jovens que se esparramam no chão, abaixando a cabeça para o mestre atrás das caixas de som, não se movem *com* o outro de forma alguma. Quando dançam, fazem-no *no* outro. A diferença entre «no» e «com» é umas das mais profundas que conhecemos em termos psicológicos. Ela é exemplificada em todos os nossos encontros com outras pessoas – mais claramente em abordagens e conversas sexuais. A essência do abuso sexual é que se mira um desejo *no* outro, em vez de ele surgir *com* o outro. A decadência das boas maneiras que vemos nos tempos recentes é em grande medida resultado da perda do «estar junto» e do aumento do «estar no outro». Falta de educação, obscenidade, as maneiras rudes dos apresentadores de televisão – tudo isso é uma forma de «estar no outro». Cortesia, boas maneiras, negociação e deferência são, por outro lado, jeitos de «estar com o outro».

E aqui vemos por que importa, e importa profundamente, o fato de que o amor antigo pela dança tenha quase desaparecido em nossas sociedades. A dança não era somente a imagem do ideal, em que a liberdade e a ordem se aperfeiçoavam e reconciliavam. Era também uma forma de educação, na qual as pessoas aprendiam a se tratar como iguais e livres. Essa forma de educação se baseava menos em regras e preceitos e mais na encarnação de uma ideia de graça e de completude. Era assim nos tempos dos coros de meninas na Grécia antiga. E era assim nas academias de dança dos séculos XIX e XX.

A perda dessa educação acarretou uma ausência ainda maior do «estar junto» nas interações humanas. Considere a relação entre garoto e garota, da forma como se desenvolve hoje. A pergunta que surge quase que imediatamente é: vamos fazer sexo ou não? A ideia da união sexual como o ápice de um balé desenvolvido mutuamente por meio de gestos atenciosos desapareceu quase que por completo da mentalidade dos jovens. Cortejar lhes parece uma total perda de tempo e uma forma de hipocrisia social. Não obstante, quando o sexo chega de forma atabalhoada, a tendência é que seja vivido como uma espécie de trauma, como se pode ver nas repetidas acusações de estupro depois de encontros feitas pelas jovens nos Estados Unidos. A razão é clara: o sexo feito com outro pode ser repleto de contentamento; o sexo feito no outro é quase sempre um assédio. Entretanto, o «estar junto» é um atributo social do ser livre e racional. Ele deve ser aprendido, e a melhor maneira de fazer isso é pela dança. Sem a dança, os jovens perdem a chance de aprender a esperar, ceder graciosamente e unir-se com total atenção. Não seria isso um tanto revelador diante da confusão emocional que vivemos hoje?

Mais interessante do que as consequências morais são as consequências *estéticas* que se seguiram à perda de amor pela dança. Talvez a principal consequência tenha sido a decadência gradual do senso de ritmo – decadência que podemos testemunhar na maioria das músicas populares atuais. Muitas vezes o que parece ritmo, ou um estágio para entrar no ritmo, é na verdade uma falta de ritmo, um cancelamento do ritmo perpetrado pela batida. O ritmo separado da organização melódica perde sua última ligação com a dança social. Ele então se torna inerte; já não é um gesto verdadeiro, e com isso a plasticidade do gesto se perde. Sempre nos dizem que o ritmo é de importância primordial no pop, música feita para dançar, e que aqueles que o julgam de acordo com padrões de música clássica simplesmente não compreendem seu sentido. Essa resposta pode até valer para os críticos mais empedernidos, mas levanta uma questão de profunda importância para o estudo de música, que diz respeito à natureza do ritmo.

Ritmo não é a mesma coisa que medida. Não se trata somente de dividir o tempo em unidades repetíveis. Trata-se de organizá-lo em uma forma de movimento, de forma que uma nota leve a seguinte a um lugar que ficou vago. É exatamente isso que acontece na dança – na dança real, quero dizer. A música pop nos velhos tempos do rock, uma forma de dança herdada em que os passos e os parceiros faziam parte integral da prática. É claro que a valsa e o foxtrote já estavam descambando para a não-dança narcisista que vemos por aí. O efeito no longo prazo da valsa vienense, transmitida ao mundo moderno na forma da valsa parada e do foxtrote (seu equivalente em quatro batidas), foi fragmentar a comunidade da pista de dança em uma assembleia de casais, cada um deles envolto em uma aura de eletricidade sexual exalada pelos corpos apertados um contra o outro. Ainda assim, manteve-se o suficiente das antigas formas de dança para que esses casais se apresentassem com alguma cortesia e elegância. Valsas e foxtrotes exigiam passos, seguiam regras e convenções; podiam ser desfrutados por pessoas de todas as idades, independentemente da intimidade que tinham.

O rock'n'roll se conecta com essas antigas formas de dança pelo fato de que esses casais se tocavam, remexiam-se, moviam-se na tentativa de resgatar algo do «estar junto». Em uma música como *Heartbreak Hotel* o ritmo é gerado internamente, pela linha melódica e por uma única voz. A segunda voz então se junta, sem dosar as linhas de compasso e cortando a sequência de tempo, mas entrando no ritmo da voz de Elvis. A medida, aqui, não é imposta à linha melódica como uma grade, mas *emerge* dela, criando linhas de compassos virtuais no ouvido, ao passo que respondemos às síncopes da voz. Não há tambores violentos, baixos ensurdecedores, nenhum aparelho que – ouso dizer – substitui o ritmo usado na música popular contemporânea. O «estar junto» está ali na voz do cantor, não foi expelido pelo «estar no outro» da bateria. E esse «estar junto» é sentido pelos ouvintes como um chamado à dança, a olhar ao redor e procurar a mão de uma pessoa que possa ser conduzida até a pista.

Quando organizado melodicamente, como em Elvis, o ritmo se alça do nível da medida até o do gesto e do movimento. A diferença aqui não é material, é fenomenológica: uma diferença no modo como as repetições são *ouvidas*. Em um caso são ouvidas como batidas regulares, como o pulso de uma máquina; no outro, são ouvidas como movimentos repetidos, do tipo que nossos corpos produzem quando estamos correndo, andando ou dançando. E assim era com a música pop nos dias que se seguiram imediatamente ao rock'n'roll – músicas como as dos Beatles, do Pink Floyd, Grateful Dead e centenas de outros, que são amplamente ouvidas nos dias atuais, mas raramente dançadas, justamente porque contêm uma memória da verdadeira dança. Seu caráter melodioso garante que não farão parte do repertório de nenhuma casa noturna, dando lugar a uma grotesca caricatura de música em que o ritmo é meramente uma batida e a melodia são meras repetições.

A perda das verdadeiras formas de dança, portanto, envolve a perda de um sentido de ritmo. Essa perda afeta *todo* tipo de música, até mesmo a de concerto. Cortada a experiência natural do «estar junto», aquela alegria pura do entrelaçamento mútuo que tínhamos com as danças de salão, a música séria adquire uma qualidade metálica mais pungente, como se estivesse tentando atiçar as pernas de metal de uma máquina. Quando esse tipo de música tenta fazer dançar – como em um ato de «The Chairman Dances», de John Adam, na ópera *Nixon in China* –, acaba produzindo um *ostinato* vibrante, longe da leveza alegre de um *scherzo* de Dvořák ou a intensa descontração da vida corporal em *A sagração da primavera*.

E não é apenas na música que somos infectados por essa perda de ritmo. Nossos movimentos em casa e no trabalho, nossas palavras em uma conversa, nossas decisões e nossos desejos, tudo envolve um componente musical. As antigas formas de dança nos ensinaram que o ritmo não é algo solitário, mas um tipo de consciência social. «Tenho ritmo», diz Ira Gershwin, e George nos mostra o significado disso. Contudo, esse ritmo não é algo que o cantor tem por si próprio. Os Gershwin se referem a um jeito de «ser para com os outros», demonstrado pela música. Peço desculpa por utilizar essa expressão heideggeriana, uma vez que não posso imaginar nenhum ser humano mais avesso à música do que Heidegger. Porém, ai de mim!, a verdade é que Heidegger muitas vezes nos proporciona as palavras que precisamos para expressar aquilo que mais queremos dizer. Aprendemos como ser em nossos corpos aprendendo como somos perante os outros, e o ritmo é algo que internalizamos por meio do movimento, da fala e do pensar, a fim de acomodar olhos e ouvidos.

E talvez o ritmo mais importante que a dança nos trouxe tenha sido a cortesia purificada de todas as emoções sexuais. Na música que exige formação, os jovens casais apreensivos eram rapidamente separados, de maneira que o jovem rapaz acabava tendo de dançar com a avó, e a jovem, com outro homem. O ritmo que eles compartilhavam era, pois, purificado de conotação sexual, dotado de um significado social mais elevado e mais duradouro do que os impulsos egoístas do desejo, construído no contexto da experiência da comunidade. Havia nisso uma inocência renovadora, bem como um respeito pelas idades e condições da vida humana. Essas virtudes ganhavam um tipo de realidade rítmica, e nós as vemos refletidas nas rotações, nas roupas que impunham certo ritmo e nas cortesias estendidas que ajudavam nossos ancestrais a mesclar a distância com o respeito e a liberdade com a disciplina, maneiras que perdemos em grande medida.

Não há nenhuma razão para não acreditar que esse tipo social de dança que descrevo volte um dia. De fato, a sanha pela salsa é um sinal disso. E não há razão para pensar que os jovens não descobrirão algum dia o «estar junto» que não veem nas casas noturnas. Talvez o surgimento do esporte como uma arena social possa ser explicado, ao menos em parte, por essa fome pela exibição elegante do corpo humano. E talvez, quando os jovens buscarem, como acho que deveriam, um paradigma do «estar junto», acabem por encontrá-lo em um campo de futebol, ou aprendam-no ao assistir ao que acontece ali. Se isso acontecer, nada terá sido perdido. No entanto, vale a pena retirar mais uma lição desse pensamento. A dança social do tipo que tenho elogiado não exercia meramente as virtudes de liberdade e de ordem. Ela obedecia ao preceito da igualdade. Qualquer um podia aprender os passos, e todos eram bem-vindos, independentemente de agilidade, idade ou beleza. As novas atividades que tomaram seu lugar surgiram, em certa medida, como uma cultura oficial da igualdade e do politicamente correto, temendo a elegância e a distinção. Elas são, porém, fortemente discriminatórias. O culto ao esporte, ainda que seja importante para entender o conceito de «estar junto», faz com que foquemos nossas atenções nos jovens, atléticos e belos, deixando os outros com a sensação de estar fora do jogo. Ao perder o amor pela dança, portanto, perdemos também uma importante fonte do nosso amor por nós mesmos.

Construir para durar

A cidade, da forma como a herdamos dos gregos antigos, é tanto uma instituição como uma maneira de viver, a qual coincide com a civilização europeia. A confluência de estranhos em um único local sob a mesma lei, vivendo pacificamente lado a lado, unidos por redes de relacionamentos, cooperações econômicas e uma competição amistosa envolvendo esportes e festividades é uma das realizações mais notáveis de nossa espécie, que foi responsável por todas as grandes inovações culturais, políticas e religiosas da civilização. Nada é mais precioso na herança ocidental, pois, do que as cidades da Europa, testemunhando o triunfo da humanidade civilizada não somente em suas ruas, suas fachadas majestosas e seus monumentos públicos, mas também nos menores detalhes arquitetônicos e nos intricados jogos de luzes sobre as cornijas e entradas.

Americanos visitando Paris, Roma, Praga ou Lisboa, ao comparar o que veem nesses lugares com o que têm em suas cidades, perceberão quão pouco cuidadosos seus compatriotas foram em suas tentativas convulsivas de criar cidades. No entanto, o turista americano que não seguir a rota recomendada pelo Ministério do Turismo logo verá que o milagre de uma cidade como Paris pode ser explicado somente pelo fato de que poucos arquitetos modernos tiveram permissão de mexer com ela. Nas demais partes, as cidades europeias caminham para a mesma direção que suas contrapartes americanas: altos prédios de escritórios no centro, rodeados por um anel de abandono e presença de condomínios fechados mais afastados, para os quais, no final do dia, fogem todos aqueles que trabalham na cidade. Para ser justo, a verdade é que não existe nada tão escandaloso quanto o que acontece com Buffalo, Tampa ou New Brunswick (para pegar três cidades que me causaram verdadeiro pânico). Não obstante, o mesmo desastre moral está começando a abater o velho continente – o desastre de cidades em que ninguém quer morar, nas quais os espaços públicos são vandalizados e os espaços privados ficam cada vez mais segregados.

Até recentemente, os arquitetos europeus ou foram coniventes com o desmantelamento de suas cidades ou o promoveram ativamente. Valendo-se da retórica espúria de Le Corbusier e Gropius, legitimaram projetos totalitários da elite política, cuja intenção no pós-guerra não era restaurar as cidades, mas abrir espaço para «favelas», completando assim o trabalho dos bombardeios. As favelas consistiam nas harmônicas ruas clássicas de casas a preços acessíveis, semeadas de indústrias locais, lojas de conveniência, escolas e templos religiosos, tudo o que fizera com que fosse possível que comunidades reais florescessem nos centros das cidades. As «favelas» seriam substituídas por arranha-céus dentro de grandes parques, do tipo proposto por Le Corbusier em seu plano de demolição da zona ao norte do rio Sena em Paris. Enquanto isso, todas as formas de trabalho e de lazer seriam realocadas em outro lugar. Os prédios públicos teriam de ser expressamente modernistas, com armação e divisória de aço e concreto, mas sem fachadas ou aberturas distinguíveis e sem nenhuma relação com seus vizinhos. Os importantes monumentos do passado teriam de ser preservados, mas sempre dispostos em novos contextos que roubavam sua alma estética, exatamente como aconteceu com a catedral St. Paul's, em Londres.

Embora os cidadãos tenham protestado e sociedades de conservação por toda a Europa tenham brigado pela antiga ideia de como uma cidade deveria parecer, os modernistas ganharam a batalha de ideias, dominaram as escolas de arquitetura e trataram de garantir que a disciplina clássica nunca mais fosse aprendida, uma vez que nunca mais seria ensinada. A aniquilação do currículo foi completa: os estudantes das escolas europeias de arquitetura já não aprendem a compreender as modelagens, a desenhar monumentos existentes, ruas urbanas, a figura humana ou mesmo algum fenômeno estético essencial como a queda da luz em um capitel coríntio ou a sombra de um campanário em um telhado curvo; já não aprendem sobre fachadas, cornijas, portais ou o que podia ser apreendido de um estudo acerca dos grandes tratados clássicos de Serlio e Palladio. O novo currículo foi pensado com o intuito de produzir engenheiros ideologicamente motivados, cujas habilidades representativas não passam de planta baixa e desenhos isométricos, e que fossem capazes de executar «projetos» gigantescos requeridos pelo estado socialista: enfiar pessoas em bairros residenciais, planejar áreas industriais e centros de negócios, erigir estradas sobre o centro das cidades velhas e lembrar sempre à população que o Grande Irmão a está vigiando e de que ela já não está no controle.

Agora tudo isso está mudando. A geração que se rebelou contra o planejamento socialista também se rebelou contra o urbanismo coletivista dos modernistas. A arquitetura alienante do pós-guerra foi associada, e com boas razões, às políticas de Estado socialistas. Ela simbolizava a abordagem da vida humana de pessoas que acreditavam ter sozinhas todas as respostas e poderiam ditá-las ao restante. O espírito de rebelião contra esse comportamento ficou particularmente evidente no Reino Unido, onde o objetivo da Luftwaffe quase se havia cumprido em muitas cidades por meio dos planejadores do pós-guerra. Arquitetos como Quinlan Terry, Liam O'Connor, Demetri Porphyrios e John Simpson, que cresceram no caos reinante, emanciparam-se dos grilhões modernistas e começaram a desenhar prédios e quarteirões em estilo clássico. Enquanto isso, trabalhando em relativa obscuridade como assistente do eclético James Stirling, havia um diplomado da escola de arquitetura modernista da Universidade de Stuttgart, Léon Krier, nascido em Luxemburgo em 1946, que começava a publicar monografias lacônicas e desenhos satíricos que viriam mais tarde formar a base de um manifesto antimodernista.

Krier se engajou na arquitetura, mas é ainda um filósofo e pensador social que acredita que o modernismo cultural não é apenas feio, mas também está baseado em erros gritantes a respeito da natureza da sociedade humana. Como ele mesmo declarou em uma recente entrevista a Nikos Salingaros:

> A humanidade aprende por tentativa e erro, sendo que algumas vezes comete erros monumentais. O modernismo arquitetônico e urbanístico pertence – assim como o comunismo – a uma classe de erros da qual não se tem muita coisa a aprender ou de que tirar proveito. São ideologias que levam até as pessoas mais inteligentes e sensitivas a desperdícios, riscos e perigos inaceitáveis. O erro fundamental do modernismo, porém, é propor-se como um fenômeno universal (ou seja, inexorável e necessário), substituindo legitimamente e excluindo soluções tradicionais.

O que é necessário, portanto, é um repertório de soluções reais aos problemas do design urbano. E foi isso que Krier tratou de produzir.

Durantes os anos 1970, com a ajuda de seu igualmente talentoso irmão Rob, Léon Krier começou a desenvolver projetos que visavam mostrar como o tecido urbano da Europa poderia ser revertido, melhorado e expandido, respondendo às necessidades reais das pessoas. Algumas câmaras municipais de cidades mais esclarecidas – em especial as de Bremen e de Luxemburgo – encomendaram planos e projetos aos Krier, ainda que em sua maioria de tipo exploratório. Foi só nos anos 1980, quando Krier foi convidado pelo príncipe de Gales a planejar a nova cidade de Poundbury, vizinha da cidade de Dorchester, que lhe foi conferida a oportunidade de que tanto precisava para pôr suas ideias em prática. Seu trabalho começou imediatamente a atrair a atenção dos críticos. Arquitetos profissionais, apavorados com a ameaça ao monopólio modernista, fizeram de tudo para destruir sua reputação e para desmerecer seu trabalho, como o de um sonhador nostálgico. Porém, para seu espanto, Poundbury atraiu vários residentes entusiastas, assim como indústrias e lojas, e acabou se tornando um lugar de peregrinação, tão popular entre turistas quanto qualquer cidadezinha medieval, e um modelo que está sendo seguido em outras partes. O movimento do Novo Urbanismo, com membros nos Estados Unidos, na Itália, na Espanha e no Reino Unido, deve muito ao pensamento de Léon Krier e seu credo expresso em *Arquitetura: Escolha ou fatalidade*, publicado em 1998, que aos poucos está se transformando em obra de referência, embora profundamente odiado pelo establishment arquitetônico. Krier trabalhou nos Estados Unidos, apresentando projetos para a construção de Seaside, na Flórida, onde projetou uma casa para si próprio. Ele também desenhou uma prefeitura impressionante em Windsor – uma nova comunidade concebida de acordo com os princípios que defende.

Krier apresenta o primeiro princípio da arquitetura como uma dedução do imperativo categórico de Kant (que nos diz para agirmos de acordo com a máxima de que só podemos querer algo que possa ser inserido em uma lei universal). Deve-se «construir de forma que você e as pessoas que ame usem seus prédios, vejam-nos, trabalhem neles, passem suas férias neles e envelheçam neles com prazer». O princípio é confirmado, sugere Krier, pelos próprios modernistas. Isso porque todos eles seguem o inverso da famosa enunciação de Mandeville em *A fábula das abelhas*. Os vândalos modernistas gostam do fato de que Richard Rogers e Norman Foster (que juntos são responsáveis por alguns dos piores atos de destruição nas cidades europeias) morem em antigas casas elegantes situadas em localidades charmosas, onde estilos artesãos, materiais tradicionais e escalas humanas ditam o ambiente arquitetônico. No lugar do princípio de Mandeville – «vícios privados, benefícios públicos» –, eles colocam a lei dos benefícios privados, vícios públicos. O benefício privado de uma localidade charmosa é pago pelo vício público de detonar nossas cidades. Rogers, em particular, é famoso por criar prédios que não têm nada a ver com seus arredores, que não podem ter a sua função modificada, são extremamente caros para manter e destroem a personalidade dos bairros – prédios como o Beaubourg, no centro de Paris, que demoliu uma grande área de ruas e deliberadamente deu as costas para o bairro histórico do Marais, ou o Lloyd's, de Londres, um pedaço de um utensílio de cozinha polido no meio de uma pilha de lixo, jogado no centro da cidade como se tivesse caído de um avião.

A arquitetura tradicional produzia formas que expressavam os interesses humanos – palácios, casas, fábricas, igrejas, templos – e se encaixavam bem no ambiente ao redor. As formas da arquitetura moderna, argumenta Krier, são inomináveis, denotando não coisas familiares e seus usos, mas «o que se convencionou chamar de objetos», objetos são conhecidos no máximo por seus apelidos, nunca pelo nome verdadeiro. A Casa das Culturas do Mundo em Berlim, por exemplo, é conhecida como a «ostra grávida», a Unité d'Habitation de Corbusier, que fica em Marselha, é conhecida como «o hospício», o novo prédio do Queen's College de Oxford é «o estacionamento», e o prédio da ONU em Nova York é «o radiador». O apelido, de acordo com Krier, é o nome certo para um objeto kitsch – ou seja, «forçado», que se acomoda em suas redondezas como se fosse um estranho de máscara no meio de uma reunião familiar. As formas clássicas são resultado de convenções e consenso ao longo dos séculos; seus nomes vêm – casa, palácio, igreja, fábrica – de uma compreensão natural que suscitam, e nada neles é exagerado. As formas modernistas, ao contrário, foram impostas por gente possuída por ideologia. Não derivam nenhum significado humano dos materiais que as compõem, do trabalho que as produziu ou da função que exercem, e sua qualidade monumental não é nada além de forçada. Os arranha-céus de escritórios e os shoppings gigantes não dialogam com nada além de suas funções específicas – o que os impede de adquirir valor simbólico ou de transmitir uma visão da cidade como espaço público.

Krier identifica o erro inicial do modernismo nas ideias de Le Corbusier, Gropius e Mies, que separam as partes que sustentam as estruturas daquelas que dão para a fachada exterior. A partir do momento em que os prédios se tornaram cortinas dependuradas em armações invisíveis, todas as maneiras de criar e transmitir significado foram destruídas. Mesmo que a cortina seja moldada como se fosse uma fachada clássica, ela é uma fachada «forçada», e possui uma expressão vazia. No entanto, normalmente é uma lâmina de vidro ou painéis de concreto, sem nenhuma abertura discernível. O próprio prédio fica escondido, e sua posição, como a de um membro da cidade, parado em meio aos vizinhos e apoiando seu peso no chão, perde o sentido por ser inobservável. Toda a relação com as estruturas vizinhas, com a rua e com o céu é perdida, de forma que não transmite nada além da dureza de sua geometria.

A linguagem das paredes e cortinas tem outros efeitos negativos. A manutenção de prédios é cara, e sua durabilidade, incerta. Eles usam materiais que ninguém compreende totalmente, que têm um coeficiente de expansão tão grande que todas as juntas se soltam em alguns anos, e implicam uma grande devastação ambiental em sua construção, para não mencionar o estrago que causam ao ambiente ao longo das décadas. Os prédios modernistas são catástrofes estéticas e ecológicas: ambientes fechados, dependentes de constante fornecimento de energia, sujeitos à «síndrome do enjoo de prédio» que surge quando não se pode abrir uma janela para deixar entrar um pouco de ar puro. Ademais, tais edifícios não usam nenhum vocabulário arquitetônico que possa ser «lido», como um edifício clássico é lido. Essa «ilegibilidade» é sentida pelo pedestre como uma grosseria. Prédios modernistas excluem o diálogo, e o espaço ao seu redor não é público, mas um desdobramento da malha urbana.

Essa ausência de vocabulário inteligível não é um defeito trivial do estilo: é a razão pela qual os prédios modernistas não conseguem se harmonizar com seus vizinhos. Tanto na arquitetura quanto na música, a harmonia é a relação entre partes que são ao mesmo tempo independentes e dotadas de significado, uma realização de ordenação de elementos que criam uma validade e reagem a ela. Não há acordes na arquitetura modernista, somente linhas – linhas que podem ter um fim, mas nunca chegam a um desfecho. A falta de vocabulário também explica o efeito alienante do aeroporto moderno, como o de Newark e o Heathrow. Diferentemente da estação de trem clássica, que guia o viajante seguramente até os guichês, as plataformas e o saguão, o aeroporto típico não possui símbolos arquitetônicos que carregam significados. É um amontoado de placas escritas, todas competindo por atenção e amplificando o sentido de urgência sem oferecer uma resposta satisfatória. Talvez os lugares mais relaxantes e funcionais nos Estados Unidos sejam as poucas estações de trem concebidas à maneira clássica – a Union Station, em Washington, a Grand Central Station, em Nova York –, lugares onde a arquitetura leva vantagem sobre os avisos por escrito e onde as pessoas, não importa quanta pressa tenham, sentem-se satisfeitas só por estar neles. É significativo que, na ocasião do anúncio da demolição da Penn Station, de McKim, Mead e White, inspirada nos banhos de Caracalla, em Roma, em 1962, até mesmo modernistas como Louis Kahn tenham se unido para protestar. Mas a demolição seguiu em frente, visto que a lei de propriedade americana nunca dá lugar à virtude cívica. Porém, hoje, é profundamente lamentada, não somente devido ao espaço medíocre criado, cujo teto baixo sufoca os viajantes, mas também pela estrutura horrível e opressiva do topo.

Essas considerações alimentam as críticas da ideia de «zoneamento», que, como Jane Jacobs defendeu em *Morte e vida de grandes cidades*, foi amplamente responsável pela fuga do centro e pela perda da rua como espaço de socialização. Entretanto, o que torna Krier novo e tão importante para nós nesse momento crítico ao qual chegamos, em que todos, com exceção dos arquitetos profissionais, reconhecem que as cidades só poderão ser salvas se substituirmos essa força centrífuga por uma centrípeta, é que ele possui um remédio claro e persuasivo, que pode ser adotado pelos planejadores urbanos e pelos construtores de qualquer lugar, e colocado em prática imediatamente caso seja posto em votação.

A solução de Krier é substituir a ideia de «centro mais subúrbios» por assentamentos policêntricos. Se as pessoas querem se mudar, que se mudem para novos centros urbanos, com seus próprios espaços e prédios públicos, escritórios e áreas de lazer; que os novos assentamentos cresçam não como subúrbios, mas como cidades, assim como Poundbury cresceu ao lado de Dorchester. Desse modo, conseguirão captar o verdadeiro sentido de organização, que é uma comunidade humana em um lugar que seja «nosso», em vez de lotes individuais espalhados em um local que, no fim das contas, não pertence a ninguém. Eles criarão uma coleção de lugares em vez do lugar algum, sempre em expansão. Essa solução tem um precedente em Londres, que cresceu junto com Westminster em uma competição amistosa, e onde as áreas residenciais de Chelsea, Kensington, Bloomsbury e Whitechapel cresceram na condição de vilas autônomas, não como refúgio dos centros. Tudo o que é preciso para isso, defende Krier, é um plano diretor. E com isso ele não se refere àqueles experimentos sinistros em engenharia social que tanto atraíam os modernistas, mas a simples conjuntos de opções bem definidas, entre as quais as pessoas podem escolher aquilo que melhor lhes convém.

O plano diretor de Krier envolve uma configuração geral, um plano de rua para cada quarteirão, regras que governem coisas como o tamanho dos lotes, o número de andares permitidos (cinco, que, de acordo com sua visão, é o máximo natural), e os materiais e as configurações técnicas em que os prédios devem se enquadrar. O objetivo é controlar a qualidade do «prédio normal, regular e inevitável». No momento é somente o maior prédio que atrai as atenções dos planejadores, sendo normalmente concebido, como aqueles de Daniel Libeskind e Frank Gehry, para se destacar, em vez de se misturar, para atrair os olhares para si, em vez de servir de ponto de alívio para a comunidade. Não é o prédio monumental, mas o inevitável que dita o ambiente em que as pessoas comuns vivem e trabalham. É aqui que as regras se fazem mais necessárias, e era de acordo com a forma e o aspecto dos prédios inevitáveis que os livros de referência clássicos (como os de Asher Benjamin e Minard Lafever, usados pelos construtores originais das cidades da Nova Inglaterra) eram escritos.

O plano teria de se encaixar na «regra dos dez minutos» de Krier, ou seja, qualquer pessoa deveria poder levar menos de dez minutos para chegar a qualquer lugar que seja a verdadeira razão de ele viver no meio de estranhos. A regra dos dez minutos não é assim tão rígida como os americanos podem imaginar: Paris, Roma, Florença, Madri, Londres e Edimburgo se encaixam nesse padrão, assim como teriam se encaixado os subúrbios americanos, caso houvessem seguido as diretrizes de Krier, ou seja, se tivessem sido separados do centro na condição de «polipólis», de forma que as pessoas pudessem trabalhar, fazer compras, divertir-se e rezar perto de casa. Um bom planejamento urbano não significa criar distâncias entre as pessoas, da forma como fazem os subúrbios no fim do mundo de Frank Lloyd Wright, mas aproximá-las de um jeito que se sintam bem *no local onde vivem comunitariamente*. É esse o objetivo da cidade, e ele é, nas palavras de Krier, facilmente alcançável. A «polipólis» é uma rede de espaços públicos genuínos, com assentamentos comunitários marcados na disposição das ruas e no ordenamento dos prédios. Todo detalhe visual deveria ser arquitetônico, defende Krier, uma vez que cada um faz parte do espaço público. Os estilos de prédios tradicionais se conformam espontaneamente a esse princípio, dado que foram ditados pelas boas maneiras: o construtor sabia que estava acrescentando algo no espaço público da cidade e por isso teria de se adaptar às leis silenciosas da polidez. Como coloca Krier:

> Todos os prédios, grandes ou pequenos, públicos ou privados, possuem uma face pública, uma fachada; portanto, sem nenhuma exceção, causam um efeito negativo ou positivo na qualidade do domínio público, enriquecendo-o ou empobrecendo-o de maneira radical e duradoura. A arquitetura de uma cidade e do espaço público é um assunto de preocupação comum da mesma ordem que a lei e a língua, fundamentos da civilidade e da civilização. Sem sua aceitação por todos não pode haver constituição nem manutenção de uma vida civilizada. Elas não podem ser impostas, e sua rejeição comum não é sinal de falta de compreensão, mas de um erro de conceito.

Essa é a visão que Krier tentou pôr em prática em Poundbury, onde trabalhou lado a lado com arquitetos neoclássicos como Liam O'Connor e Quinlan Terry para realizar seu plano diretor. A cidade, que ainda está sendo construída, é concebida como um espaço público único e contínuo, organizado em torno de uma prefeitura, com cada prédio contribuindo para a vista pública da qual faz parte. É um agrupamento pequeno, que crescerá com o tempo até 10 mil habitantes – Krier entende que uma cidade maior que isso não precisa de um centro maior, e sim de outro centro. E agora Poundbury é uma nova e bem-sucedida comunidade, onde as pessoas trabalham, moram e fazem compras, cujos residentes podem caminhar a qualquer lugar que precisem ir. A sensação é de uma cidade medieval, apesar de ter lugares mais apropriados para nossa era mais atarefada, como um armazém que negocia somente produtos sustentáveis, dos quais o príncipe de Gales é um defensor fervoroso. Poundbury também tem fábricas e depósitos, assim como escritórios e edifícios públicos. A única coisa que falta – um indicador de falha no plano de Krier de regeneração das cidades – é uma igreja. Não cabe ao arquiteto conceber tal construção, argumenta Krier, pois é algo que os moradores têm de requisitar. No entanto, é evidente que não podemos ignorar o fato de que as organizações tradicionais, que ele tanto admira, começaram com a marcação de um local sagrado até erguer-se um templo para ser a morada dos deuses. Onde Deus se sente em casa, nós também nos sentimos; o verdadeiro significado das formas modernistas é o pressuposto de que não existe Deus, de modo que essa concepção já não tem lugar na sociedade, controlada pelo Grande Irmão. Krier parece concordar; mas o problema, ele diz, é encontrar uma forma de construção que permita que as pessoas descubram isso por si mesmas. Tentar impor uma visão indo de encontro aos instintos e aos planos da gente comum é simplesmente repetir o erro dos modernistas. O verdadeiro plano para uma cidade é uma limitação, e não uma meta.

É característico de nossa época que o projeto de Krier para a renovação urbana tenha sido amplamente acusado de ser pouco prático, a despeito do evidente sucesso de Poundbury. Inabalado pela hostilidade dos colegas de profissão, ele continua expandindo sua visão por meio de palestras, artigos e painéis, lembrando seu público e seus leitores de que é isso que ele está fazendo: *lembrando-os*. Dentro da mente de cada um, formando a medida das expectativas e a imagem dos agrupamentos, existe uma ideia de lar, de um lugar que não é seu ou meu, mas *nosso*. Esse é o arquétipo que precisa ser recuperado, aquele que as políticas de deseducação dos modernistas nos encorajaram a tirar da cabeça. Como as leis da lógica ou os princípios da moralidade, não podemos encontrar essa ideia sem sermos persuadidos de sua obviedade. Já vi Krier dar palestras para um auditório cheio de céticos de esquerda que concordaram com muita relutância em ouvir esse apologista de uma era perdida. E, com modéstia, com suas maneiras que demonstram um autoconhecimento típico de um verdadeiro professor, Krier os convenceu de que as ideias que pregava não eram dele, mas deles. Todos saíram do auditório com uma viva percepção de autoconhecimento, cientes de que suas utopias sociais eram «notícias do nada» e comprometidos com o mundo real em que viviam. Tal é o efeito de Krier, como pude verificar, em todo mundo que o conhece.

Nada é mais distintivo de sua personalidade, no entanto, do que o traço que o separa do resto dos arquitetos: a modéstia. Ele revela calmamente seus projetos acerca da cidade do futuro, ao mesmo tempo buscando nossa concordância e aberto a sugestões. Seu rosto largo e seus olhos eufóricos irradiam entusiasmo; e suas mãos, à medida que desenrolam seus desenhos da *pólis* imaginária, se parecem com a de um pai que tira gentilmente o filho recém-nascido do berço. Embora ele deteste o vandalismo modernista que destruiu o coração de nossas cidades, nunca deixa escapar nenhuma palavra ofensiva aos responsáveis. Todo o seu ser é voltado para o consenso, para uma união democrática de nossas energias coletivas, no intuito de criar um ambiente urbano onde nos sentiremos em casa. Ao lado de sua figura avantajada porém plácida, você se sente na presença de uma energia incansável, que expressa um amor inabalável pela humanidade comum.

Há aqueles que dizem — não só a respeito de Krier, mas de todo o movimento do Novo Urbanismo — que isso tudo é ótimo, mas chegou muito tarde. A tendência centrífuga da cidade já é irreversível, e a combinação estrutura de aço e paredes fechadas chegou para ficar. Esses críticos, parece-me, precisam ser lembrados de que a dispersão é insustentável e inexoravelmente acarretará uma situação em que o movimento centrípeto acabará sendo a única alternativa ao colapso. Como Quinlan Terry demonstrou repetidas vezes, construir com armação de aço e divisórias também é insustentável: as estruturas erigidas dessa maneira se degradam facilmente e sua manutenção é cara. Ademais, são pouco adaptáveis, incapazes de acompanhar as mudanças das estruturas à sua volta. O que os adeptos do Novo Urbanismo estão propondo não é uma utopia, mas a única alternativa viável à contínua decadência urbana. Evidentemente, como o século XX — dos modernistas — nos ensina, as pessoas têm a habilidade impressionante de seguir rumo à catástrofe entoando bordões e empunhando bandeiras. Mas por que deveríamos endossar tal comportamento se estamos em plena posse de nossa faculdade crítica? A melhor coisa a fazer é meditar sobre as palavras de Krier:

> Ao criar cidades, criamos nós mesmos. Quando as despojamos, despojamos nós

mesmos. Nossas memórias mais queridas a partir daí gerarão o veneno do arrependimento, uma perda irreparável, até mesmo de ódio em relação àquilo de que mais gostávamos. Fugimos, então, do mundo e de nós mesmos. Uma linda vila, uma bela casa, uma cidade maravilhosa podem se tornar uma casa para todos, uma casa universal. Porém, se perdemos esse objetivo de vista, erigimos nosso próprio exílio aqui na Terra.

O exílio é a promessa das utopias coletivistas; o lar se encontra na direção oposta. Contudo, é uma direção que nossos planejadores urbanos e funcionários públicos ainda se recusam a aceitar. Os projetos públicos em nossas cidades são sempre designados a uma mesma panelinha de «arquitetos-celebridade», escolhidos para desenhar estruturas que seguramente atrairão as atenções para si, destacando-se da vizinhança. Muitos desses arquitetos-celebridade – Daniel Libeskind, Frank Gehry, Richard Rogers, Norman Foster, Zaha Hadid, Peter Eisenman, Rem Koolhas – muniram-se de jargões para explicar sua genialidade àqueles que se mostraram incapazes de captá-la. E, quando se gasta dinheiro que pertence ao povo ou aos acionistas, se é facilmente influenciado por jargões lisonjeiros criados para fazer crer que se está gastando muito em algo original e revolucionário. A vítima desse processo é a cidade, bem como todos aqueles que a consideram seu lar e a amam.

Houve alguns arquitetos de fato geniais – Michelangelo, Palladio, Frank Lloyd Wright. No entanto, como mostrou Krier, uma cidade viva não é obra de um gênio. É obra de trabalhadores simples e de seus constantes diálogos consigo mesma. Uma cidade é um tecido em contínua evolução, retocado e reparado para nosso uso, no qual a ordem emerge por meio de uma «mão invisível» proveniente do desejo das pessoas de se darem bem com seus vizinhos. É isso que fez serem possíveis cidades como Veneza e Paris, onde até os grandes monumentos – a praça San Marco, a Notre-Dame, a praça Vendôme, a San Rocco – confortam o olhar e irradiam a sensação de pertencimento. No passado os gênios fizeram de tudo para criar harmonia entre ruas, céu e espaços públicos – como Bernini na praça San Pietro –, ou para criar um vocabulário – como fez Palladio – que formasse uma *língua franca* de uma cidade na qual todos poderiam se sentir em casa.

Na direção oposta, a nova arquitetura, tipificada pelo caríssimo Museu Guggenheim de Gehry em Bilbao, pela distorcida prefeitura de Londres de Norman Foster, pelo prédio do Banco Lloyd, que mais parece um utensílio de cozinha, de Richard Rogers, ou pelas reluzentes bugigangas de Zaha Hadid, é feita para desafiar a área ao redor, bem como para se destacar como trabalho de um artista inspirado, que não constrói para o povo, mas esculpe espaços para saciar sua própria vontade de se expressar. Essa abordagem da arquitetura é encorajada pelas escolas e outras instituições arquitetônicas, tais como a Architectural Association e a RIBA. Não deveríamos nos surpreender, portanto, que as «obras geniais» que os planejadores urbanos não só autorizam, mas encomendam, pareçam com coisas que não têm *nada* a ver com arquitetura: um legume, um carro, um secador de cabelo, uma máquina de lavar ou uma tralha de fundo de quintal. O que faz com que um prédio seja considerado arquitetura, ou seja, a habilidade de embelezar um local e de fortalecer a sensação de estar em casa, é um aspecto da construção que os arquitetos já não levam em conta.

É por vezes levantado que as amarras modernistas tornam impossível para os arquitetos se comportar como seus predecessores, recobrindo os edifícios com um verniz clássico reminiscente dos estilos clássicos ou góticos, colocando pedra lavrada sobre armações de ferro ou coroando uma rua com uma fachada que contenha uma cornija vignolesca de estanho. O que antes era soluções baratas para uma demanda pública por ornamento e ordem agora se tornou custos proibitivos. O espaço é limitado, o trabalho de qualidade é raro e as obras de engenharia gigantescas de fácil percepção não muito caras em termos relativos: é por isso que pedimos a bênção dos arquitetos-celebridade, já que eles autorizam o que em outro contexto seria um vandalismo em larga escala.

As construções típicas desses arquitetos não têm fachada ou uma orientação que dividem com seus vizinhos. Frequentemente parecem ser modeladas como utensílios domésticos, como se mãos gigantes fossem manuseá-las. Não cabem em uma rua nem jazem alegremente ao lado de outros prédios. A bem da verdade, são concebidas como um desperdício – um descarte arquitetônico que envolve vastas quantidades de matérias e muita energia, e que será demolido depois de vinte anos. Paisagens urbanas erigidas sob essa arquitetura se assemelham a aterros – pilhas de lixo plástico espalhado que nossos olhos tentam evitar desesperadamente. Engenhocas arquitetônicas são largadas na paisagem urbana como se fossem dejetos, sem encarar nem incluir os transeuntes. Podem oferecer abrigo, mas nunca representam um lar. Ao nos habituarmos a elas, perdemos um componente fundamental de nosso respeito pela terra. E, no fim das contas, é para isso que serve uma cidade: consagrar a terra abaixo de nós.

Nomear o inefável

São Tomás de Aquino, que dedicou cerca de 2 milhões de palavras para explicar, na *Suma teológica*, a natureza do mundo, o propósito de Deus ao criá-lo e nosso destino nele, terminou sua curta vida (curta em comparação com nossos parâmetros atuais, pelo menos) em estado de êxtase, dizendo que tudo o que havia escrito não tinha o menor significado além da visão beatífica que lhe havia sido concedida, a qual as palavras não podiam descrever. Ele foi talvez o mais contundente exemplo de um filósofo que chegou à conclusão de que o mundo era inefável. Tendo chegado a esse ponto, obedeceu à injunção de Wittgenstein, cujo *Tratado lógico-filosófico* se encerra com a seguinte proposta: «sobre aquilo de que não se pode falar, deve-se calar». Mas são Tomás de Aquino era uma exceção. A história da filosofia está cheia de pensadores que, tendo concluído que a verdade era inefável, passaram a escrever páginas e mais páginas sobre isso. Um dos maiores transgressores foi Kierkegaard, que defende de cem formas distintas que o supremo é impossível de ser expressado, que a verdade é «subjetiva», que o significado da vida não pode ser dado por nenhuma fórmula, proposição ou abstração, somente pela experiência concreta de rendição, cujo conteúdo não pode nunca ser codificado em palavras.

A mesma ideia pode ser vista em Schopenhauer, para quem a verdade do mundo é a Vontade, que não pode ser representada por conceitos. Ele dedicou quase 500 mil palavras a essa coisa que nenhuma palavra pode capturar e estabeleceu uma tendência que ainda sobrevive. Por exemplo, há um livro curto (ainda bem) de Vladimir Jankélévitch, *La Musique et l'ineffable*, em que esse argumento é elucidado logo na primeira página – no caso, que a música funciona com base em melodias, ritmos e harmonias, e não em conceitos, e que não contém mensagens que possam ser traduzidas em palavras. Em seguida veem-se 50 mil palavras dedicadas às mensagens da música – na maioria sugestivas, poéticas e atmosféricas, mas ainda assim palavras, dedicadas a um tema de que as palavras não conseguem dar conta.

A tentação de se refugiar no inefável não é circunscrita aos filósofos. Toda a investigação acerca dos princípios iniciais, causas originais e leis fundamentais deparará eventualmente com uma questão irrespondível: o que faz com que esses princípios iniciais sejam verdadeiros, ou essas leis fundamentais, válidas? O que explica as causas originais ou condições iniciais? A resposta é que não há resposta – ou ao menos nenhuma resposta que possa ser dada em termos científicos que exigem que esses princípios, leis e causas constituam o parâmetro central. Mas ainda assim queremos uma resposta. Então como devemos proceder?

Não há nada de errado em se referir ao inefável quando se chega a esse ponto. O erro é descrevê-lo. Jankélévitch está certo quanto à música. Está certo em relação a algo poder ter significado ainda que ele fuja a qualquer tentativa de ser colocado em palavras. A impressionante *Balada F* de Fauré é um exemplo: assim como o é o sorriso de *Mona Lisa*; assim como o é a luz do crepúsculo sobre o morro da parte de trás da minha casa. Wordsworth descreveria tais experiências como «insinuações», o que não é nada mais justo, desde que você não acrescente (como ele fez) maiores e melhores pormenores. Todo mundo que atravessa a vida com a mente e o coração abertos encontrará momentos de revelação, momentos impregnados de significados, mas cujos significados não podem ser postos em palavras. Eles são preciosos para nós. Quando ocorrem é como se, subindo a penumbra da escada em caracol da nossa vida, de repente deparássemos com uma janela, através da qual avistamos outro mundo mais brilhante, ao qual pertencemos, mas que não podemos acessar.

Também tenho uma tendência a verbalizar o inefável. Assim como os filósofos que me precederam, quero descrever o mundo do lado de fora da janela, apesar de saber que ele não pode ser descrito, somente revelado. Não sou o único que pensa que o mundo é real e importante. Mas há muitos que enxergam que tal visão é uma ficção não científica. Pessoas com essa disposição mental me parecem muito desagradáveis. Suas convicções de que os fatos por si só podem significar e de que o «transcendental» e o eterno não são nada além de palavras os definem como incompletos. Há um aspecto da condição humana que lhes é negado. Além disso, esse aspecto é de extrema importância. Nossos amores e esperanças dependem dele, de alguma forma. Amamos uns aos outros como os anjos amam, buscando o incognoscível «eu»; nutrimos esperança como os anjos nutrem: com nossos pensamentos fixos no momento em que as coisas deste mundo se desfazem, envoltos em «uma paz que supera a compreensão». Colocar meu ponto dessa forma indica que já falei muito. Isso porque minhas palavras fazem parecer que o mundo do lado de fora da janela na verdade está aqui, como uma fotografia na parede da escada. Mas ele não está aqui; ele está lá, para além da janela que não pode ser aberta.

No entanto, uma pergunta me incomoda, assim como deve incomodar você. O que os momentos de revelação têm a ver com nossas questões existenciais supremas? Onde a ciência se detém, como naqueles princípios e condições dos quais as explicações nascem, a visão da janela supre os termos científicos? Nossos momentos de revelação apontam para a causa do mundo? Quando não penso sobre isso, a resposta parece bastante clara.

Sim, há mais no mundo do que o sistema de causas, pois ele possui um significado que nunca é revelado. Mas não, não há caminho, nem mesmo esse, para chegar à causa do mundo, pois, sobre aquilo que não podemos falar, temos de guardar silêncio – como fez são Tomás de Aquino.

Esconder-se atrás da tela

Muitos observadores diriam que redes sociais como o Facebook proporcionam benefícios psicológicos, ajudando aqueles que são muito tímidos a dar as caras ao mundo, a ter uma identidade e a interagir com os outros. Esses sites também possibilitam manter contato com um amplo círculo de amigos e colegas, aumentando a vida afetiva e inundando o mundo de mensagens positivas e boas intenções. Até onde as pesquisas chegam em relação às opiniões daqueles que utilizam essas redes, parece que o veredito é bastante positivo, com o Centro Annenberg para o Futuro Digital, da Universidade da Carolina do Sul (reconhecidamente, não é uma fonte imparcial) declarando, em seu sexto relatório anual, que a internet está enfim mostrando seu potencial como ferramenta social e pessoal.

Porém algo novo está surgindo no universo humano com essas redes sociais aparentemente inofensivas. Existe uma facilidade maior em contatar os outros através de uma telinha. Não há necessidade de se levantar da mesa e ir até a casa do amigo. Não há necessidade de reuniões semanais, encontros em mesas de bares ou restaurantes. Todos esses esforços para se encontrar já não fazem sentido: com um toque no teclado você está lá, onde queria estar, no lugar que define seu amigo. Será que isso pode ser realmente uma amizade, uma vez que foi desenvolvida de maneira tão fácil e sem custo? O relatório do Centro Annenberg revela com alegria que 20% daqueles que participam de comunidades on-line também se engajam em alguma atividade off-line com outros membros ao menos uma vez ao ano. Veja só, pelo menos uma vez ao ano! Veja, também, por outro ângulo. Um total de 80% das pessoas que participam de comunidades on-line não tem um encontro cara a cara, nem mesmo uma vez ao ano, com essas pessoas que elas consideram suas amigas.

A evidência pode ser analisada de ambos os lados. É claro que a amizade real se mostra em ação e afeição. O amigo de verdade é aquele que socorre você na hora de maior necessidade, aquele que o conforta nas adversidades e compartilha o próprio sucesso. É difícil fazer isso por uma tela – a tela, no fim das contas, é uma fonte de informação, não de ação. Uma mão não pode sair dela para acariciar você, oferecer ajuda financeira ou impedir o golpe de um inimigo, ainda que um usuário do blog Profy alegue que, quando as coisas ficaram apertadas, alguém com quem ele jogara durante alguns anos tenha lhe enviado 1500 dólares. Esse tipo de gesto espontâneo é possível em qualquer tipo de relacionamento, obviamente. Contudo, é de pensar que, quanto mais as pessoas satisfizerem sua necessidade de companhia por meio de relacionamentos mediados por uma tela, menos desenvolverão amizades do outro tipo, que oferecem ajuda e conforto nas piores provações da vida humana. Amizades que existem diante de uma tela dificilmente podem ser transplantadas para outro domínio, e, quando são, não há a menor garantia de que vão se consolidar. De fato, é exatamente sua facilidade, o rosto sempre bonito e agradável que emana da telinha, que atrai a maioria para essa modalidade de interação – tanto que o Facebook se torna um vício, e as pessoas frequentemente precisam se proibir de acessá-lo por dias no intuito de poder seguir em frente com suas vidas e com seus relacionamentos reais.

De fato, como Christine Rosen defendeu com tamanha convicção, um conceito inteiramente novo de amizade está surgindo a partir desses novos sites de interação. Seus amigos estão listados em sua página, na forma de links para as suas próprias páginas. E cada uma dessas páginas consiste em uma exposição de gostos, hobbies e fotografias e mais links para outros amigos. É nisso que se transformou o conceito de amizade. O site existe não para *exercê-la*, mas para esbanjá-la; as pessoas se preocupam em «colecionar» amigos, e sua autoestima aumenta em função de quantas pessoas estão conectadas à sua página. Cada site tem um único propósito que figura acima de qualquer outro, que é exibir o dono da conta. Como diz Rosen, a máxima délfica «conhece a ti mesmo», que para os gregos era a essência de uma relação social significativa, foi substituída por: «mostra-te». E a amizade se dá simplesmente ao se mostrar na companhia de outro. Nada sugere que a amizade seja um campo de atividade, muito menos um campo de deveres. Esse é o mundo sem custos, com todos nós lado a lado na vitrine, como as garotas do coral.

Evidentemente, amizades que nasceram on-line podem se desenvolver off-line, nessa arena tão perigosa de atividades reais e desejos concretos. E é nela que as novas oportunidades de engano e predação se revelam. Todos nós sabemos o quanto crianças e jovens são vulneráveis àqueles que estão à espreita na internet. Todo tipo de mentira sobre si mesmo pode ser criada em frente da câmera: uma falsa biografia, uma falsa fotografia, endereço, intenções – nada disso pode ser detectado até o encontro cara a cara nas circunstâncias ditadas pelo predador, e aí já é tarde demais. É claro que nada disso é totalmente novo: agências de encontros amorosos sempre foram vítimas de predadores sexuais, e as armadilhas perpetradas por meio de cartas existem desde que se inventou a escrita. Não obstante, hoje há a oportunidade de criar uma personalidade virtual e com ela adentrar o mundo real no intuito de tomar para si bens adquiridos de forma desonesta e que se mostram mal protegidos.

O que estamos testemunhando é uma mudança na *atenção* que media e possibilita a amizade. Quando as condições de contato humano eram normais, as pessoas se tornavam amigas por estarem na presença uma da outra, compreendendo todos os vários sinais bem sutis, tanto verbais quanto corporais, que entregavam o verdadeiro caráter, as emoções e as intenções do interlocutor, construindo assim afetos e confiança simultaneamente. A atenção era dirigida ao outro – a seu rosto, palavras e gestos. E sua natureza como uma pessoa encarnada era o foco dos sentimentos de amizade que ela inspirava. Pessoas que constroem amizade dessa maneira estão perfeitamente cientes de que são vistas da mesma forma que veem. O rosto do outro é um espelho no qual se enxergam. É precisamente pelo fato de a atenção estar voltada para o outro que existe a oportunidade de autoconhecimento e autodescoberta, e essa liberdade expansiva que sentimos na presença de alguém é uma das maravilhas da vida. O objeto de sentimentos de amizade olha você de volta e responde livremente à sua liberdade, amplificando tanto sua consciência quanto a dele. Resumindo, a amizade, como concebida tradicionalmente, é governada pela máxima do «conhece a ti mesmo».

Quando a atenção está voltada para a tela, no entanto, há uma notável mudança de ênfase. Para começar, fico com os dedos no teclado. A qualquer momento posso apagar uma imagem ou passar para uma nova conversa. O outro também possui a mesma liberdade no seu espaço, só que não está livre no meu, já que está totalmente à mercê da minha decisão de mantê-lo aqui. Em última instância, o controle permanece comigo, e, de algum modo, a verdade é que não coloco a amizade em risco da mesma maneira que colocaria pessoalmente. É claro que o outro pode atrair tanto a minha atenção, com suas mensagens, imagens e sugestões, que posso ficar grudado na tela. Não obstante, é uma *tela* que me hipnotiza, e não o rosto do outro lado. Toda a interação com o outro é à distância, e só pode me afetar caso eu escolha ser afetado. Tenho um poder sobre essa pessoa de que ela própria não tem noção – uma vez que não tem consciência do quanto desejo reter sua presença no espaço diante de mim. Ela, portanto, tampouco arriscará muito; aparecerá na tela sob a condição de estar no controle absoluto. Isso é algo que sei sobre ela que ela sabe que eu sei – e vice-versa. E assim cresce entre nós um encontro de risco reduzido, em que ambos estão cientes de que o outro se encontra *refém* e soberano nas torres de seu inacessível castelo cibernético.

No entanto, essa não é a única forma como os relacionamentos cibernéticos são afetados pelo meio no qual foram formados. Tudo o que aparece na tela compete pela atenção do amigo, à distância de um clique. Você *clica em* um amigo da mesma forma que clica em uma notícia, em uma música, em um vídeo. Ele é só mais um produto na prateleira. Essa amizade, assim como as amizades em geral, acaba caindo na categoria de divertimentos e distrações, uma *commodity* que pode ou não ser escolhida, dependendo da oferta ao lado. Suas amizades já não são especiais para você, nem definem sua vida moral: são divertimentos − o que os marxistas chamariam de «fetiches», coisas que não possuem vida real própria, existindo somente em função de como os usuários as enxergam.

Como eu disse, é pertinente a ideia de que a experiência do Facebook, que atraiu milhões de pessoas no mundo todo, seja um antídoto para a timidez, uma forma de pessoas normalmente desajeitadas e com medo de se aventurar na sociedade conseguirem superar seus problemas e desfrutar dos relacionamentos afetuosos dos quais a nossa felicidade tanto depende. Contudo, há outro argumento igualmente válido que sustenta que a experiência do Facebook só aumenta a timidez, retendo seus traços principais, ao mesmo tempo que substitui o afeto real, que a timidez tanto teme, por um ilusório. Isso porque, ao colocar uma tela entre você e seu amigo, ainda que em última instância retenha o controle sobre o que aparece nela, você também se esconde do encontro real − proibindo ao outro exercer o poder e a liberdade de desafiar sua natureza mais profunda e cobrar sua responsabilidade, aqui e agora, por vocês dois.

Aprendi que a timidez não é uma virtude, e sim um defeito, e ela surge do fato de se colocar um valor muito alto em si mesmo – um valor que o impede de assumir riscos interagindo com os outros. Acredito de verdade nesse diagnóstico. Mas é um diagnóstico que traz consigo um argumento contrário à experiência do Facebook. Ao remover os riscos *reais* dos encontros interpessoais, a rede social pode encorajar um tipo de narcisismo, uma postura autossuficiente, no lugar do que deveria ser uma disposição de cooperação e compartilhamento. No fim das contas, talvez nada mais importe além da exibição de si mesmo, e as pessoas elencadas nas listas de amigos talvez sejam desprovidas de qualquer valor em si.

Na maioria das vezes, porém, o encontro pelo Facebook ainda é um encontro – embora atenuado – entre pessoas reais. Estamos testemunhando o próximo estágio do vício nas telas, no qual elas finalmente tomarão o controle – deixando de ser um meio de comunicação entre pessoas reais, que estão em lugares distintos, para se tornar o lugar onde as pessoas atingem a realidade, o único espaço onde se relacionam de um jeito coerente. Refiro-me ao novo fenômeno do «avatar», em que as pessoas criam seus próprios substitutos virtuais, cuja vida na tela é, no fim das contas, tudo o que interessa, o que possibilita a todos viver suas vidas da forma mais autocomplacente possível, sem se expor a nenhum tipo de risco, mas mesmo assim desfrutando de um afeto substituto por intermédio das aventuras de suas faces cibernéticas. O *Second Life*, que oferece um mundo virtual e convida você a entrar nele na forma de um avatar que pode ser escolhido entre suas várias opções de modelos diferentes, possui mais de 100 milhões de usuários mundo afora. Ele tem uma moeda própria, com a qual as compras podem ser feitas em suas lojas; e aluga espaços que são as casas e os trabalhos dos avatares. Também proporciona oportunidades para ação «social», com posições atingidas por mérito, ou qualquer tipo de mérito virtual. Dessa forma as pessoas podem aproveitar, por meio de seus avatares, versões grátis de emoções sociais, tornando-se heróis da «compaixão» sem que seja preciso mover uma palha no mundo real. Algumas nações já têm inclusive embaixadas no *Second Life*, que seu avatar pode visitar para obter conselhos sobre imigração, comércio e política. Em um famoso incidente recente, um avatar tentou processar outro por causa de direitos autorais; e está sempre à espreita a crescente tentação da pornografia, com sites de avatares em que o seu eu cibernético pode realizar suas fantasias mais selvagens sem nenhum risco para você. No YouTube se pode ver um filme em que um casal que nunca se encontrou de fato descreve seu caso no ciberespaço sem demonstrar nenhum pingo de culpa em relação à parte traída, e exibe orgulhosamente suas emoções narcisistas como se tivesse feito uma espécie de descoberta moral, seguro de que foram seus avatares, e não eles dois, que transaram.

Talvez seja esse o modelo que muitos seguirão, do adultério sem riscos. John dá à luz ciberneticamente Johngo, um avatar que possui todas as qualidades que faltam a ele: é forte, bonito, corajoso e cheio de vida, ainda que não seja tão inteligente, uma vez que a criatura não pode ser tão esperta quanto o criador. John fica o dia inteiro grudado na tela, navegando com Johngo pelo espaço cibernético em busca de encontros que testarão sua coragem e lhe trarão fama. Enquanto isso, Mary deu à luz seu próprio avatar, Masha, uma garota cibernética linda e cheia de graça, de deixar qualquer homem de queixo caído – um consolo para a vida da própria Mary, chocólatra obesa que teme os homens, com Masha ela pode se permitir todo tipo de luxúrias e promiscuidades reprimidas. Johngo e Masha se encontram: como não se impressionariam um com o outro? O garanhão tolo e a promíscua manipuladora começam um relacionamento que pode a qualquer momento ser rompido na fonte, basta John e Mary enjoarem da atuação. Se o caso seguir, será apenas porque ambos gostam da fantasia de um relacionamento em que nenhuma das partes se apega; caso acabe, não haverá corações partidos, uma vez que não há corações para partir. Ainda assim, John e Mary sabem que seus avatares não têm nenhum futuro. Johngo e Masha conheceram suas respectivas nêmesis, e sua rotina pode continuar para sempre, presa ao amontoado de fantasias que controlam a tela.

Penso que muita gente veria nisso um relacionamento pouco saudável. Uma coisa é colocar uma tela entre você e o mundo, outra é habitar essa tela como se não houvesse relacionamentos fora dela. Ao suprir sua vida emocional com aventuras de um avatar, você está abandonando totalmente os relacionamentos reais. Em vez de ser um meio para desenvolver as relações pessoais fora dele, o computador pode acabar se tornando sua única vida social – mas uma vida irreal envolvendo pessoas irreais. O estranho que controla o avatar pôs essencialmente «seu ser fora de si mesmo», e esse pensamento ressuscita todas aquelas críticas, outrora fora de moda, à alienação e o fetichismo das *commodities* que Marx e seus seguidores usaram para castigar a sociedade capitalista. Ele nos dá a chance de revisitar essas críticas de modo que possamos analisar se há algo de verdade a ser descoberto nelas.

A origem das antigas críticas está em uma ideia de Hegel de importância duradoura, que está sempre voltando em diferentes roupagens, principalmente nos escritos de psicólogos preocupados em mapear os contornos da felicidade comum. A ideia é: nós, seres humanos, nos preenchemos mediante nossas próprias ações livres, e é por meio da consciência que elas indicam nosso valor individual. Mas não somos livres naturalmente nem temos, fora do mundo das relações humanas, o tipo de consciência do «eu» que permite valorizar e proporcionar nossa própria satisfação. A liberdade não é reduzida às escolhas desimpedidas que até mesmo um animal pode desfrutar; nem a autoconsciência é simplesmente uma questão de imersão prazerosa nas experiências imediatas, como a daquele rato de laboratório que pressiona incansavelmente o botão do prazer. A liberdade envolve um compromisso ativo com o mundo, em que obstáculos são encontrados e superados, riscos são tomados e satisfações são ponderadas: ela é, em resumo, um exercício da razão prática, na busca de objetivos cujo valor deve justificar os esforços necessários para obtê-los. Assim como a autoconsciência, em sua forma totalmente realizada, envolve não apenas uma abertura à experiência presente, mas também um sentido da minha própria experiência como indivíduo, com planos e projetos que podem ser cumpridos ou frustrados, e com uma concepção clara do que *eu* estou fazendo, com que propósito e com que esperança de felicidade.

Todas essas ideias estão contidas no termo usado pela primeira vez pelo filósofo alemão pós-kantiano J. G. Fichte no intuito de denotar o objetivo interno de uma vida pessoal livre: *Selbstbestimmung*, ou autocerteza. A alegação crucial de Hegel é que a vida da liberdade e da autocerteza só pode ser obtida por meio dos outros. Eu me torno totalmente eu mesmo nos contextos em que sou compelido a reconhecer que sou outro aos olhos de outros. Não adquiro minha liberdade e minha individualidade e, em seguida, testo-as no mundo das relações humanas. É somente entrando nesse mundo, com seus riscos, conflitos e responsabilidades, que passo a me enxergar como livre, podendo assim desfrutar de minha própria perspectiva e individualidade e me tornar uma pessoa realizada no meio de outras. Na *Fenomenologia do espírito* e em *Princípios da filosofia do direito* Hegel elenca várias parábolas agradáveis e provocativas acerca do caminho pelo qual os sujeitos atingem a liberdade e a realização por meio de seu *Entäusserung* – sua objetificação – no mundo dos outros. E o status dessas parábolas – sejam elas argumentos ou alegorias, análises conceituais ou generalizações psicológicas – sempre foi um tema envolto em disputas. Mas não acho que nenhum psicólogo hoje seria contra a alegação fundamental que permeia todas elas: de que a liberdade e a realização do eu se dá somente pelo reconhecimento do outro. Sem os outros, minha liberdade é uma cifra vazia, e o reconhecimento dos outros envolve tomar total responsabilidade pela minha própria existência como o indivíduo que sou.

Em seus esforços para «recolocar Hegel no seu lugar», o jovem Marx traçou um importante contraste entre a liberdade verdadeira, que nos vem pelo relacionamento com outros sujeitos, e a escravização velada, que surge quando nossas andanças no mundo de fora não se dão na direção de sujeitos, mas de objetos. Em outras palavras, ele sugeriu, temos de discernir entre a realização do eu, na relação livre com os outros, da alienação do eu no sistema das coisas. Essa é a essência de sua crítica à propriedade privada, uma crítica tão impregnada de alegoria e história quanto os argumentos hegelianos iniciais. Em seus escritos posteriores, ela é transformada na teoria do «fetichismo», que diz que as pessoas perdem sua liberdade por meio do fetiche com que tratam as mercadorias. Um fetiche é algo que ganha vida por meio de uma vida *transferida*. O consumidor em uma sociedade capitalista, de acordo com Marx, transfere sua vida para a mercadoria que o enfeitiça, e nisso a perde, tornando-se escravo do objeto precisamente porque enxerga o mercado como bens, em vez de vê-lo como as interações livres entre pessoas, um lugar onde seus desejos são negociados e realizados.

Devo deixar claro que não endosso essas críticas à propriedade e ao mercado, e a vejo como um transbordamento extravagante de uma filosofia que, compreendida apropriadamente, endossa as transações livres em um mercado tanto quanto endossa as relações livres entre pessoas em geral, inclusive vendo aquela como nada mais que uma aplicação desta. Contudo, a discussão não me parece relevante para chegar ao meu ponto: a ideia de *Entäusserung*, a realização do eu mediante relações responsáveis com os outros. Essa é, a meu ver, a principal contribuição da filosofia romântica alemã para a compreensão da condição moderna, e é uma ideia que tem sua aplicação direta nos problemas que vemos emergir no novo mundo de vícios da internet. Parece-me irrefutável que, considerando a liberdade um valor, a liberdade é também um artefato, que vem a existir pela interação entre pessoas. Essa interação mútua é o que nos eleva da condição de animal à de pessoa, possibilitando que nos responsabilizemos por nossas vidas e ações, que nosso caráter e nossas metas sejam avaliados, tanto para entendermos a natureza de nossa realização pessoal quanto para nos colocarmos em uma posição de desejar algo e buscá-lo. Esse processo é crucial, como enfatizam os hegelianos, para o crescimento do sujeito humano na condição de agente que se autoconhece, capaz de utilizar e habilitar as faculdades racionais, com uma perspectiva em primeira pessoa desenvolvida e um senso de realidade próprio como um sujeito no meio de outros tantos. É um processo que depende de conflitos reais e soluções reais, dentro de um espaço compartilhado onde cada um de nós deve prestar contas pelo que somos e pelo que fazemos. Qualquer coisa que interfira nesse processo, uma vez que enfraquece o crescimento das relações interpessoais, confiscando responsabilidade ou desencorajando e impedindo um indivíduo de fazer escolhas racionais no longo prazo e adotar uma visão concreta de sua própria realização, é um mal. Pode ser um mal evitável, mas ainda assim é um mal, que devemos lutar para abolir.

É inegável que há maneiras de fugir ou atrapalhar o processo de autorrealização, e o vício em internet é só uma delas. Muito antes de surgir e preparando o caminho, veio o vício da televisão, que corresponde exatamente à crítica marxista e hegeliana do fetiche – uma coisa inanimada na qual investimos nossa vida de modo que a perdemos. É lógico que mantemos o controle final em relação à televisão, porque podemos desligá-la. Mas as pessoas, em sua maioria, não a desligam, passando tanto tempo diante da tela que perdem momentos preciosos para construir relacionamentos, deixando de interagir em conversas, atividades, conflitos e projetos. A televisão, ao menos no caso de milhões de colegas, destruiu as refeições familiares, os hobbies, o hábito de cozinhar, o estudo e os jogos em família, como as charadas. Ela deixou muita gente desarticulada e privou essas pessoas das formas simples de fazer contato, por meio de conversas com seus semelhantes. Não me refiro somente à afirmação de que a TV «emburrece e acaba com a imaginação», nem mesmo à manipulação dos desejos das massas mediante imagens extravagantes. Tais características são familiares o suficiente, e alvo constante da crítica desesperada. Tampouco me refiro à sua qualidade viciante – ainda que pesquisas conduzidas por Mihaly Csikszentmihalyi e Robert Kubey atestem sem sombra de dúvida que a TV vicia da mesma maneira que as drogas e os jogos de azar.

Refiro-me à natureza da televisão como um substituto para os relacionamentos. Ao assistir pessoas interagindo na TV, o viciado se sente dispensado de se engajar em suas próprias interações. Essas energias e esses interesses, que de outra forma seriam dirigidos a outras pessoas, contando histórias, argumentando, cantando, jogando, caminhando, papeando, comendo e interpretando, agora são consumidos pela tela por meio de vidas vicárias que não envolvem nenhum engajamento das capacidades morais do espectador. Assim, essas capacidades vão atrofiando. Vemos isso por toda parte na vida moderna, mas em nenhum lugar fica mais escancarado do que na vida daqueles que acabam de entrar em nossas faculdades. Eles se dividem em dois grupos: os das casas em que reina a TV e os daqueles que cresceram conversando. Os do primeiro grupo tendem a ser reticentes, desarticulados, dados a agressões quando estão sob estresse, incapazes de contar uma história ou de expressar um ponto de vista, além de se mostrarem visivelmente atrapalhados quando lhe são atribuídas responsabilidades relacionadas a tarefas, atividades ou relacionamentos. Os do segundo grupo apresentam ideias, vão atrás dos outros, irradiam o tipo de liberdade e espírito aventureiro que faz com que estudar seja um prazer e um desafio. Muitos desses jovens independentes da TV receberam a maior parte de sua educação em casa, ou de produtos relacionados à religião, estando acostumados a cantar hinos e rezar em casa – e, sim, isso quer dizer que eles são frequentemente reprimidos pelos professores liberais que desprezam a Bíblia, que não se dão conta de que é o espírito dela que ainda sustenta os Estados Unidos. Mas, segundo minha experiência, a verdade é que esses alunos largaram bem na frente de seus contemporâneos viciados em TV. Estes podem ser, de fato, libertados desses vícios, e o propósito do esporte universitário, do teatro, da música, e por aí vai, é fazer com que a TV se torne algo marginalizado no campus. Porém em vários outros espaços públicos ou semipúblicos a TV já se tornou quase que uma necessidade: ela brilha nos bastidores, garantindo àqueles que investiram nela que suas vidas não acabarão tão cedo. A resposta correta a esse tipo de vício não é atacar quem produz os aparelhos ou quem os infesta de programas de mau gosto: é concentrar no tipo de educação que faz com que seja possível criticar essa abordagem da TV, de forma que demande dos aprendizes insights verdadeiros e emoções reais, em vez de espasmos kitsch, Disney e pornografia. E o mesmo vale para o iPod.

Trabalhar em direção a essa abordagem crítica significa esclarecer as virtudes associadas às relações *diretas* e por que elas são melhores do que as relações vicárias. Por que nos damos o trabalho de viver em vez de, como disse Villiers de L'isle Adam, pedir aos empregados que o façam por nós? Por que criticamos quem come hambúrguer no sofá, enquanto a vida exibe seu drama inútil na tela? Deixemos essas perguntas bem respondidas, e então poderemos começar a educar nossas crianças na arte de desligar a televisão.

Somos seres racionais, dotados de razão prática e teórica. Nossa razão prática se desenvolve pela confrontação com o risco e a incerteza. Em um sentido importante, a vida na tela é livre de riscos, e – embora possamos tomar a decisão de desligar ou mudar de canal – não estamos expostos a nenhum tipo de risco físico imediato ou vergonha emocional, nem precisamos prestar contas aos outros caso resolvamos apertar um botão e sair da bolha. Você pode decidir «matar» sua identidade de tela a qualquer hora e não sofrerá nenhuma consequência. Por que, então, nos preocuparmos em entrar no mundo dos encontros verdadeiros, quando temos à nossa disposição um dispositivo que o substitui tão bem? E, quando esse substituto se torna um hábito, as virtudes necessárias para os encontros reais não se desenvolvem.

Não posso deixar de mencionar que o hábito de reduzir riscos se espalhou por toda a sociedade, sendo inclusive encorajado pelo Estado. Uma obsessão doentia com a saúde e uma loucura desmesurada com segurança confiscaram muitos dos riscos em que gerações anteriores nunca nem pensaram, tomando-os como partes constituintes do processo de educação moral. Do acolchoamento do parquinho de diversões das crianças aos capacetes obrigatórios para os skatistas ou a criminalização do vinho na mesa do jantar da família, os fanáticos pela saúde e pela segurança estão de olho em tudo, com uma teia de proibições ao mesmo tempo que encorajam a ideia de que os riscos não são um problema individual, mas objeto de políticas públicas. As crianças em geral não são encorajadas a arriscar-se fisicamente, e por isso não surpreende que, em consequência disso, elas sejam tão hesitantes em arriscar-se emocionalmente.

Entretanto, não penso que isso seja nem a origem da prevenção de riscos nas relações humanas, nem uma indicação real da maneira certa e errada de proceder. Não há dúvida de que crianças necessitam de riscos físicos e de aventura para se desenvolverem como adultos responsáveis, aproveitando-se de toda a cota de coragem, prudência e sabedoria prática. Mas os riscos da alma são diferentes dos riscos do corpo. Não se aprende a administrá-los expondo apenas o corpo a eles: muito pelo contrário. Como sabemos, crianças expostas a abuso sexual não aprendem a lidar com ele, adquirindo o hábito de fechar seu lado sexual como um todo, reduzindo-o a uma barganha tensa e crua, aprendendo a ser tratadas como objeto e perdendo a capacidade de se arriscar no amor.

O hábito de evitar o risco nas relações humanas significa evitar a *prestação de contas*, recusar-se a se colocar para *julgamento* perante os olhos dos outros, a ficar *cara a cara* com outra pessoa, a se dar para quem seja, fugindo do risco da rejeição. Prestar contas não é algo que devemos evitar, é algo que precisamos aprender. Sem isso não poderemos nunca adquirir a capacidade de amar e a virtude da justiça. Os outros serão sempre aparelhos complexos para nós, coisas a ser tratadas da mesma forma que animais, sempre buscando tirar nossa parte e nunca abertos à possibilidade de um julgamento mútuo. A justiça é a habilidade de ver que o outro tem direito a algo seu, é vê-lo como um sujeito igualmente livre, portanto digno de exigir e de prestar contas. Para adquirir essa habilidade, você precisa adquirir o hábito de ter encontros cara a cara, nos quais solicita o consentimento e a cooperação do outro, em vez de sair impondo suas vontades. O refúgio atrás da tela é uma forma de manter um controle completo do encontro, o que implica não levar em conta o ponto de vista do outro. Ele envolve a imposição de sua vontade fora de si mesmo, como se fosse uma realidade virtual, sem arriscar-se como se deve arriscar quando os outros são de fato encontrados. Encontrar outra pessoa em sua liberdade é reconhecer sua soberania e seus direitos: é reconhecer que a situação em desenvolvimento já não está sob o seu controle exclusivo, mas que você está envolvido nela, tornou-se real e responsável aos olhos do outro da mesma maneira que ele se tornou real e responsável aos seus olhos.

Talvez consigamos sobreviver em um mundo de relações virtuais; mas as crianças não podem entrar facilmente nele, a não ser como intrusos. Avatares podem se reproduzir na tela, mas não podem povoar o planeta com crianças de verdade. E os ciberpais desses avatares, desprovidos de tudo aquilo que faz com que as pessoas cresçam como seres morais – riscos, vergonha, sofrimento e amor –, tornar-se-ão meros pontos de vista, em um mundo em que eles não acontecem de verdade.

Chorar a perda: Reflexões acerca da *Metamorphosen* de Strauss

E m um significativo ensaio intitulado «Luto e melancolia», Freud escreve sobre o «trabalho de luto», ou seja, o processo psicótico pelo qual um objeto amado finalmente descansa em paz, como se fosse enterrado no inconsciente, liberando o ego de sua pressão. Até que o trabalho de luto tenha terminado, Freud argumenta, uma nova vida, novos amores e um novo compromisso com o mundo são difíceis, quando não impossíveis. Essa é a explicação, para ele, para o estado de espírito que se convencionava chamar de «melancolia» – um tipo de desamparo autoimposto no qual o mundo é visto como algo estranho e impossível de lidar.

Não sou, no geral, muito afeito à psicologia freudiana. Entretanto, no que diz respeito a esse tema, parece-me que Freud acertou plenamente. Perdemos várias coisas ao longo da vida. Mas algumas perdas são perdas existenciais. Elas tiram uma parte do que somos. Depois dessas perdas sentimo-nos em um mundo novo e pouco familiar, no qual o apoio que tínhamos – talvez sem nem nos darmos conta dele – já não está disponível. A perda de um dos pais, principalmente na juventude, é uma experiência de mudança de mundo, e os órfãos ficam marcados para toda a vida. A perda de um cônjuge pode ser igualmente traumática, assim como a perda de um filho, pois ele leva para o túmulo os sentimentos mais ternos dos pais. Perdas assim nos fazem sentir impotentes, e, mesmo que consigamos curar as feridas que provocam, ficarão as cicatrizes.

As religiões, as leis e os costumes se ocupam dos rituais de luto pelas pessoas amadas que se foram. Porém não há um precedente claro para o trabalho de luto quando se está de luto por uma nação, uma civilização ou um lugar. Se for verdade que, quando criou sua obra *Metamorphosen*, Strauss estava de luto pela Alemanha destruída na Segunda Guerra Mundial, então há um problema a mais com o qual ele certamente deparou, que é a grande dificuldade que temos de chorar por aquilo que condenamos. O luto, da forma como Freud o concebeu, é um processo de redenção, em que o falecido é abençoado na memória daquele que fica para trás. Todos os ritos funerários, bem como todas as elegias, são designados para realçar as virtudes e minimizar os defeitos daquele que partiu. O luto é um processo de reconciliação, um trabalho de perdão, no qual é concedido ao morto retrospectivamente o direito de morrer. Mas e quando essa pessoa não pode ser perdoada? E se seus defeitos tiverem sido tão grandes que impedem a concessão de qualquer perdão? Nesse caso, o luto é impossível.

Os alemães sentiram exatamente isso em relação ao seu país. A Alemanha que conhecíamos na arte, na música e na literatura – a Alemanha das catedrais góticas, de Dürer e de Grünewald, da Bíblia de Lutero, de Goethe, de Schiller, Kant e Hegel, a Alemanha dos poetas românticos e da maior tradição musical de todo o mundo –, aquela Alemanha foi maculada na mente coletiva por Hitler. Teria sido mais fácil lidar com os anos de Hitler se tivessem sido impostos ao país por um poder estrangeiro que visasse sobrepujar essa grande nação, como os mongóis fizeram com o centro da civilização em Bagdá ou como os chineses fazem neste exato momento com o Tibete. Mas não foi nada disso. Os nazistas declararam-se herdeiros da civilização alemã. Hitler não era só um louco: era um intelectual e um artista, como Stálin e Mao. Ele enfatizava em todos os seus discursos a história e as realizações do povo alemão; invocava a arte, a música e a filosofia como justificativas e como objetos de orgulho nacional. E os alemães o seguiram nesse caminho de conquista, compartilhando seus triunfos e, no fim das contas, também sua derrocada. Apesar de a música alemã não ter sido destruída pela guerra, suas cidades – as maiores da Europa – foram reduzidas a pó, sua população civil foi exposta aos horrores dos bombardeios aéreos e à rapinagem do Exército soviético, e os sobreviventes tiveram de se dar conta da triste realidade do Holocausto. O país estava destruído, mas era impossível chorar o seu luto.

Dois psicanalistas, o casal Margarete Nielsen e Alexander Mitscherlich, refletiram sobre essa situação em um livro publicado em 1967 – *Die Unfähigkeit zu trauern* [A impossibilidade do luto]. Os alemães não puderam lamentar seus mortos ao mesmo tempo que aceitavam a culpa que eles carregavam. Até mesmo o autossacrifício heroico do Exército na frente russa não era tido como prova de virtude. Todos eram culpados – não somente pela destruição insana de seu país, mas também devido aos crimes contra a humanidade e a civilização perpetrados pelos nazistas. O mundo insistia para que os alemães assumissem sua culpa. Com isso, o mundo negou aos alemães o direito de ficar de luto. Seus mortos permaneceram insepultos em suas consciências, como Polinices fora das muralhas de Tebas. Da mesma forma que em *Antígona*, de Sófocles, a piedade clamava por luto ao passo que a política o proibia.

Não sei quais eram exatamente os sentimentos de Strauss em relação ao assunto. A versão mais aceita é a de que a *Metamorphosen* foi composta quando ele soube do bombardeio do Hoftheater de Munique, local onde viveu suas maiores glórias artísticas. As palavras «em memória» aparecem nos escritos finais, quando ele cita uma parte da marcha fúnebre da *Sinfonia heroica* de Beethoven, algo que muita gente interpretou como uma indicação de que a obra era uma homenagem ao compositor.

Mesmo com toda essa especulação, acredito que deveríamos retroceder alguns passos em relação à biografia do compositor e nos perguntar que tipo de significado *nós* podemos atribuir a tamanha obra-prima. Nielson e Mitscherlich estavam fundamentalmente corretos no que diz respeito à dificuldade dos alemães modernos de chorar seus mortos. Entretanto, a música de Strauss nos convida a um luto mais geral, do qual todos podemos compartilhar. Ela é contemporânea a outra obra de um artista alemão, o extraordinário romance *Dr. Fausto*, de Thomas Mann. A música é o tema do romance de Mann, que pinta o arrepiante quadro de um compositor moderno que vive sob um pacto faustiano com o diabo, cuja missão é recriar a *Nona sinfonia*. A obra de Mann também foi escrita em resposta à destruição das cidades alemãs. É uma obra de desespero. Contudo, como Strauss, Mann acreditava que, mesmo no desespero, a arte pode trazer uma mensagem de reconciliação. Ao mostrar a verdade espiritual de nossa época, ela redime essa verdade, incorporando-a na corrente incessante da consciência. Podemos perder tudo; mas, se ainda estivermos conscientes dessa perda e do que ela significa, então há algo que não perdemos. Nem tudo está perdido se a arte ainda existe para mostrar o que perdemos. Essa é a mensagem de *Dr. Fausto*, e, para as pessoas da minha geração, foi tão marcante quanto *The Waste Land* [A terra devastada] de Eliot: essas grandes obras de arte eram convites para aceitar que vivemos no fim das coisas, e ainda assim podemos achar razões para celebrar o fato de sabermos disso, bem como o fato de que sabemos o que isso significa.

A obra de Strauss é musical, mas também é *sobre* música, da mesma forma que o romance de Mann o é. O herói de Mann, Adrien Leverkühn, tenta recriar a música alemã desafiando a si mesmo: suas teorias (superficialmente baseadas nas de Schoenberg) envolvem uma rejeição da tonalidade. A língua da harmonia e do contraponto, baseada na tríade e na escala, é, para Adrien Leverkühn – o herói compositor de Mann –, um idioma esgotado, incapaz de capturar a negação mefistofélica que se assentou no coração da civilização. A tonalidade tem de ser desafiada se a música ainda quer significar algo. Strauss, porém, desafia o desafio. Em todos os seus últimos trabalhos ele nos diz que os rumores da morte da tonalidade são exagerados. Podemos lamentar nossa civilização perdida com sua própria linguagem musical.

Metamorphosen é um tributo aos instrumentos de corda que emanciparam a música ocidental da voz humana. Violinos, violas e violoncelos possuem as inflexões da voz humana sem a poluição da fala. São a própria voz, desencarnada, transferida para o espaço imaginário da música e ali dotada de uma alma. É o aspecto melódico, não o percussivo, das cordas, que Strauss explora: nenhum dos instrumentos toca *pizzicato* durante toda a peça. A obra foi inicialmente concebida para um septeto de cordas. Posteriormente, Strauss a remodelou para 23 instrumentos solo, realçando seu caráter contrapontístico.

Essa organização contrapontística nos diz algo não apenas sobre a música, mas sobre a natureza da civilização em geral e da contribuição alemã em particular. Sem querer soar pomposo, a civilização ocidental é por si só uma realização contrapontística. Ela surgiu em virtude de lutas e conciliações de inúmeras vozes, movendo-se de forma livre e independente, mas também harmônicas, pela lei e pelos costumes, sem a necessidade de nenhuma unidade forçada ou controle maior. Esse fato foi notado pelos filósofos do Iluminismo, e em particular por Adam Smith, na Escócia, e por Schiller, na Alemanha. A nossa é uma ordem que surgiu da liberdade, uma forma de adaptação coletiva e conciliação. E justamente isso foi ameaçado pelas ditaduras fascistas e comunistas do século XX, que tentaram impor uma nova e conscrita unidade de pessoas, organizada por um único partido sob um único comando. E, assim como a arregimentação havia destruído o processo de civilização da Alemanha, também havia destruído a música alemã, impondo uma ordem artificial de serialismo no lugar do que deveria ser a espontaneidade da voz humana cantando. Na *Metamorphosen*, Strauss estava celebrando uma forma perdida de ordem social, com uma textura contrapontística que lembra o *Spem in alium*, moteto em quarenta partes de Thomas Tallis. A polifonia dessa complexidade sempre aponta ao ouvinte uma direção religiosa. E a obra de Strauss não é exceção. Ao chorar por nossa civilização, ele nos diz, também nos voltamos para Deus. Não que ele fosse um crente: só compreendia a necessidade religiosa dos seres humanos e respondia a ela com música.

A referência ao tema vacilante em movimento lento da *Heroica* não é a única alusão contida nessa peça. Há também o pranto do rei Marke, em *Tristão e Isolda*, em relação à falta de fé do protagonista. Pode-se ler muita coisa nisso. Tristão e Isolda foram transportados para muito além da luz do dia do mundo da ordem social, para uma escuridão da qual eventualmente não há retorno. Marke chora não somente a perda de seu amigo e de sua esposa, mas a destruição de tudo por uma força que irrompe descontroladamente nas relações humanas vinda de outra região, a região onde a morte e o sacrifício são os únicos princípios governantes. Não obstante, a principal causa de seu pranto é de uma ternura supremamente humana – ela contém uma oferta de perdão, do tipo que somente um pai pode oferecer, e ao mesmo tempo um reconhecimento de que os dois amantes se encontram para além do alcance do perdão, em um mundo em que a voz do dever é silenciada e a morte reina soberana. Era exatamente essa a situação da Alemanha no final da Segunda Guerra Mundial.

Vale a pena notar esses pontos, uma vez que servem para enfatizar o caráter metafísico do lamento de Strauss. Assim como Thomas Mann, ele está buscando um luto *absoluto*, que supere o sofrimento por esse ou aquele objeto amado, para abarcar a perda de tudo aquilo que significa algo, inclusive da própria perda de significado, ou, como podemos dizer, a perda da perda. Somente isso pode envolver a dimensão do que os alemães tiveram de passar, bem como a enormidade de seu próprio crime de ter arrastado o resto da Europa consigo para o abismo.

Por isso é impossível entender a obra apenas como uma elegia. A elegia é uma maneira de aceitar a perda de algo precioso. Ela se regozija no fato de que a coisa preciosa foi dada. Se é triste, é a tristeza da aceitação. Uma elegia diz: isso nos foi dado e agora se foi, mas devemos ser gratos por isso e viver respeitando sua memória. Nós, na Inglaterra, estamos bem familiarizados com a música elegíaca. Também tivemos nossas perdas, ainda que de um tipo diferente, na Primeira Guerra Mundial, que levaram consigo a ordem social, a forma de vida pastoral e as nobres aspirações dos ingleses, arremessando-nos inesperada e brutalmente no mundo moderno. Muito de nossa música moderna é uma invocação das coisas que nos foram tiradas. Obras como o concerto de violoncelo de Elgar, a quinta sinfonia de Vaughan Williams e o concerto para orquestra de duas cordas de Tippett invocam nossa pátria pastoral perdida em um espírito de terno arrependimento. Elas nos oferecem uma tristeza modelável, o que não deixa de ser um encorajamento. Alguma coisa de tudo isso permanece, dizem: algo pelo qual viver, um material para voltar a se forjar e se lançar na tentativa renovada de viver corretamente. Ouço isso nos últimos trabalhos de Vaughan Williams, principalmente no *Pilgrim's Progress* [O progresso do peregrino]. Ao lamentar aquilo que perdemos, acabamos recuperando-o de outra forma, de uma forma transmutada. É o que nos diz a elegia.

Certa vez escrevi um livro chamado *England: An Elegy*. Eu sabia que estava enfatizando o bem, não o mal, que meu país representava. Porém senti-me tentado a agir dessa maneira, não porque o bem, a meu ver, supera o mal, mas também porque eu estava embarcando em uma legítima jornada de luto, assim como Elgar havia embarcado para produzir o seu concerto de violoncelo. Elegias são tentativas de reconciliação e redenção, trabalho de luto no sentido que pregava Freud. A *Metamorphosen* de Strauss não é uma elegia nesse sentido. É um trabalho *de profundis*, que olha de volta para o que foi perdido, como um viajante que retorna para sua cidade e vê seus restos após os bombardeios sem encontrar ninguém à sua volta. É uma obra sem esperança e sem nenhuma promessa para o futuro. Ainda assim, segue sendo uma grande obra de arte, e uma que ainda nos diz muita coisa.

Rotular a garrafa

A palavra de origem grega «ícone» (*eikon*, ou «imagem») parece agora denotar qualquer coisa, pessoa ou ideia que seja, por qualquer razão, um centro de atenção e que adquiriu uma significância que se eleva acima do fluxo dos eventos comuns. Talvez seja difícil colocar essa significância em palavras, mas o ponto crucial é que um ícone é uma *propriedade em comum*. Você e eu nos referimos a ele e sabemos instintivamente o que significa, mesmo quando não encontramos outro jeito de *dizer* o que queremos. Assim é, paradigmaticamente, com o pantocrátor da Igreja Ortodoxa Oriental, cuja inesquecível imagem, exibida em centenas de absides, habita nas mentes dos fiéis comuns e, de alguma forma, empresta uma realidade adicional ao Salvador, para cujo amor rezam e cujos comandos se esforçam para obedecer.

Em um livro recente, o historiador da arte Martin Kemp descreve o ícone religioso como sendo exemplo de um fenômeno muito mais amplo.[1] As imagens se alojam na mente e por lá ficam, influenciando nossos

---

1   Martin Kemp, *Christ to Coke: How Image becomes Icon*. Oxford: OUP, 2001.

pensamentos e ações, ditando nossos gostos e adquirindo hábitos, além de resgatar para seu uso próprio emoções profundas e bem escondidas. Eis a famosa imagem de Che Guevara, adaptada de uma fotografia fugaz tirada por Alberto Korda e usada para emprestar *sex appeal* à postura dos revolucionários burgueses. Eis a cruz que simbolizou a vitória do imperador Constantino, usada como sinal de obediência pelos cristãos em toda parte, e que agora é marca de perseguição nas cortes europeias. Eis o coração, símbolo universal do amor, adotado pela cidade de Nova York como sua marca pessoal. Eis a garrafa da Coca-Cola, facilmente reconhecível, triunfantemente comercializável, nunca colocada em segundo lugar pela Pepsi, apesar de esses dois produtos repulsivos se diferenciarem somente pelas garrafas que os contêm – garrafas que agora são feitas de plástico, colocando ambas como inimigas da raça humana. Kemp estende sua discussão à dupla-hélice da molécula de DNA e até mesmo a uma ideia abstrata, a equação $E = mc^2$, que ele considera uma comparação significativa, dada sua ubiquidade e fácil associação, com os talismãs que espalham sua aura pela vida das pessoas religiosas.

Cada um dos exemplos de Kemp está no centro de uma história, e muito de seu livro consiste em contar essas histórias. Algumas são interessantes: a das estrelas e das listras da bandeira norte-americana ou a do longo alcance do leão como representante universal da valentia. Kemp testa a paciência de seus leitores, no entanto, ao dedicar 22 páginas à descoberta e à patente da garrafa da Coca-Cola, contando-nos mais uma vez as anedotas sobre o cérebro de Einstein e o velho e cansativo relato de Watson, sobre Crick e a dupla-hélice. Kemp é um renomado historiador da arte, e os melhores capítulos são aqueles dedicados justamente a ela – em especial à discussão sobre a *Mona Lisa*, assunto pelo qual Kemp é reconhecido mundialmente. Contudo, ao estender o conceito de ícone para incluir objetos do dia a dia como garrafas, imagens de bombas, a fotografia de Nick Ut das crianças vietnamitas queimadas por napalm, descobertas científicas como a estrutura do DNA e a arte de Andy Warhol com suas telas de Marilyn Monroe, ele levanta a questão sobre o que tudo isso tem em comum. Sua resposta decepcionante é «nada». Ele chama a categoria do ícone de «obscura» e usa a ideia (mais ou menos como a da «semelhança familiar», de Wittgenstein) para justificar uma discussão que coloca anedotas no lugar de definições.

Não obstante, Kemp reconhece que imagens que devem seu impacto ao pensamento de que «era assim que as coisas funcionavam», como as fotos de guerra de Nick Ut ou mesmo a escultura inspirada nas fotos de Felix de Weldon dos soldados americanos alçando a bandeira em Iwo Jima, têm um significado totalmente diferente dos trabalhos da arte imaginativa. É verdade que uma obra de arte *também* pode nos mostrar «como as coisas funcionavam» – Leonardo da Vinci retrata o verdadeiro rosto de Lisa Gherardini: esta é a mulher, eis a sua aparência. Mas esse não é o motivo pelo qual *nós* olhamos seu retrato. Pois, por tudo o que sabemos ou nos importamos, essa pessoa não existia. A significância do retrato de Da Vinci não é específica, mas geral. Lisa aparece nos quadros como o ideal de si mesma. Ela é presença e ausência; seu sorriso enigmático não é um sorriso específico dela para nós. Ele transmite a mais alta gentileza que um ser humano pode almejar – uma gentileza quase divina. *Mona Lisa* olha o coração do observador mais ou menos como o pantocrátor olha para a alma daquele que o venera. Essa imagem nos fascina porque ela sai do mundo, diferentemente de uma garrafa da Coca-Cola, que pertence insistentemente a ele.

É possível perceber a diferença ao reconhecer que a *Mona Lisa*, diversamente da garrafa de Coca-Cola, pode ser *dessacralizada* – como foi por Marcel Duchamp, que a pintou com barba e bigode. Só o que é sagrado pode ser dessacralizado. Ainda que a *Mona Lisa* nunca tenha sido usada como objeto litúrgico, ela é considerada sagrada por nossos sentimentos. Sua imagem se encontra em um patamar mais elevado, em que nossas aspirações encontram sua realização. Mesmo que o quadro fosse destruído, a imagem seguiria nesse patamar, junto com a *Vênus* de Botticelli e o *Davi* de Michelangelo, como um «ponto de interseção do não tempo com o tempo».

O mesmo não se pode dizer de uma garrafa da Coca-Cola.

As descrições emocionantes de Kemp a respeito do quadro, invocando o bonito símile do olho e da boca de Dante como «galerias das almas», mostra que ele entende tudo isso. Entretanto, quando isso acontece, necessariamente também se reconhece que há muito mais em jogo do que quadros de uso familiar. Algo profundo opera na emergência do ícone genuíno, e é isso que está faltando, em uma teoria que vê a garrafa da Coca-Cola e a dupla-hélice no mesmo patamar da *Mona Lisa* ou da cabeça de Cristo de Van Eyck. Imagens podem ser familiares. Mas também podem ter poder. Algumas vezes ele é de ordem espiritual; e às vezes é perigoso. Por isso, ícones estão no limiar das coisas proibidas.

O segundo mandamento proíbe «imagens esculpidas», mas a ofensa seria a imagem ou a escultura? Kemp enxerga a importância dessa questão e chama a atenção para a tradição do *sudário* de Santa Verônica, aplicado ao rosto suado de Cristo. Ele tem sido considerado um objeto de legítima veneração, diz Kemp, porque é *acheiropoeiton*, não feito por mãos humanas, e, portanto, uma «imagem verdadeira», uma manifestação direta da divindade e de sua presença entre nós. O sudário de Turim é outra dessas presenças entre nós, assim como os majestosos ícones vistos em abundância no interior da Grécia. Ainda que um pintor tenha um dia colocado as mãos neles, foram em seguida ungidos pelo santo ou pela divindade, tornando-se não somente símbolos, mas manifestações de uma presença real.

Essa presença real, ou *shekhanah*, é essencial na história da Torá, em que Deus só existe entre o povo escolhido porque também está escondido deles, ocultado no Santíssimo Lugar, nem nominado nem retratado. (Embora saibamos como ele é, visto que a Torá nos diz que fomos feitos à sua imagem e semelhança.) Essa «revelação mediante a ocultação» é o mistério central das religiões sacramentais. O pantocrátor, cujos olhos nos seguem pela igreja, é tanto presença quanto ausência, olhando-nos nesse mundo de um lugar que está além, onde se mantém escondido de tudo menos dos olhos da fé. O mesmo mistério se vê na eucaristia cristã, que se tornou um veículo de controvérsia na Reforma por essa mesma razão. Protestantes e católicos acreditam na «presença real» de Cristo na Comunhão. Contudo, a doutrina católica da «transubstanciação» foi condenada pelas seitas protestantes como sendo superstição e idolatria. Deus poderia acessar a alma dos fiéis, diziam os protestantes, no momento em que ingerem o pão e o vinho, mas Ele não poderia se *tornar* pão e vinho, assim como a Virgem Maria não poderia ser idêntica à sua imagem.

Isso levanta novamente a questão da imagem proibida. O segundo mandamento não apenas proíbe «imagens esculpidas» que dizem representar Deus. Ele proíbe qualquer «semelhança com os céus, aquilo que está abaixo da terra ou debaixo da água abaixo da terra». Uma *hadith* de Maomé proíbe quadros em casa, alegando que quem os fizer não apenas será punido no Último Dia, mas será forçado a dar vida ao que criou.[2]

Essas estranhas interdições permanecem fortes, como sabemos, não somente nas recentes controvérsias acerca das charges do Profeta, mas também no que diz respeito a toda a arte islâmica e confecção de tapetes, em que elementos figurativos devem ser evitados, ou então deliberadamente «geometrizados» e por isso privados de suas *nafs*, ou «almas». Imagens também sempre foram fonte de desavenças na cultura cristã, na qual períodos de iconoclastia se alternaram com períodos de um devoto imaginário religioso, como na antiga Bizâncio e na Europa pós-Reforma. A *consagração* de imagens em toda parte parece levar as pessoas à sua *dessacralização*, seja no espírito jocoso de Duchamp ou no da maliciosa autointoxicação que tomou conta dos puritanos do século XVII, que destruíram a arte religiosa inglesa.

Em um estudo de grande alcance (*L'image interdite* [A imagem proibida], de 2000), o filósofo francês Alain Besançon defendeu que o medo e a suspeita em relação às imagens influenciaram o desenvolvimento da religião e da filosofia ao longo da história, e que não é apenas porque agora

---

2 *Sahih Buhari*, v. 4, livro 54, n. 447.

estamos rodeados e distraídos por imagens em todos os cantos e momentos de nosso dia que eles desapareceram. De fato, muito daquilo que desconcerta as pessoas em nossas cultura supersaturada é o que desconcertava os teólogos do islã: ou seja, a «imagem esculpida», que começa como representação e em seguida vira um substituto. E substitutos corrompem os sentimentos que buscam suscitar, da mesma forma que os ídolos corrompem a adoração e a pornografia corrompe o desejo. Os substitutos convidam a respostas fáceis e mecânicas. Eles provocam um curto-circuito no laborioso processo graças ao qual construímos relações reais, e colocam nos seus lugares reflexos viciados e mecânicos. O ídolo não representa Deus: ele O deforma, assim como a pornografia deforma a o amor.

Sendo assim, não devíamos nos surpreender com a fúria com que os movimentos iconoclastas se impõem. Seu pensamento principal é o de que a imagem captura a alma daquele que a adora. O idólatra prendeu-se a um adorno, e, ao fazê-lo, falou o nome de Deus em vão, poluindo a adoração que Ele merece. Kemp não se detém muito no tema da iconoclastia, embora tenha sido um movimento constante dentro das igrejas cristãs do Oriente e do Ocidente. Ele tampouco menciona o fato que os «ícones» contemporâneos, a garrafa da Coca-Cola inclusive, foram objeto de condenação parecida. O crescimento da indústria da propaganda e das imagens comercializáveis foi recebido já bem no começo com protestos dos formadores de opinião, todos com medo daquilo que Marx chamava de «fetichismo da mercadoria», em outras palavras, da distração de nossas energias daquelas atividades que são «fins em si mesmos» para aquelas do mundo dos desejos viciantes. Marx pegou a ideia de fetichismo de Feuerbach, que acreditava que toda a religião conduzia a essa disposição mental em que preenchemos o mundo com nossas próprias emoções, colocando assim nossas vidas «fora» de nós mesmos nos tornando escravos das marionetes da nossa imaginação. De modo similar, Marx acreditava, o mundo das mercadorias capitalistas nos instiga a «preenchê-lo», de forma que atribuímos nossos desejos à fictícia esfera das mercadorias, que ganham poder sobre nós na mesma proporção em que perdemos esse controle.

A teoria está longe de ser clara; não obstante, ela se dissemina facilmente. Encontramos suas versões nos escritores neomarxistas da Europa Central do século XX: Lukács, Benjamin, Adorno, Horkheimer e Marcuse. Em uma obra poderosa (*The Hidden Persuaders* [Nova técnica de convencer], de 1957) –, Vance Packard levantou um ponto contra a imagem de propaganda que não perdeu nada de sua força, a despeito inclusive da invenção da televisão. De acordo com Packard (cujo argumento foi endossado por Galbraith), a propaganda visa *inventar* os desejos que se oferece para saciar e dessa forma inunda o mercado de

ilusões, pelas quais vamos sendo escraviza-
dos aos poucos. A reclamação foi estendida
ao logo comercial por Naomi Klein em *No
Logo* [Sem logo] (2000), e, mesmo que você
pense que os iconoclastas estão perdendo
a guerra, seria bom prestar atenção nas
escaramuças locais, como a que se deu na
cidade de Salzburg, banindo faixas e logos
pelas ruas, para a alegria dos moradores,
ou a que está sendo perpetrada pelo movimento slow-food na Itália, que começou
como um protesto contra uma propaganda do McDonald's na Piazza di Spagna.
Ou talvez você devesse dar uma olhada no
ultraje que acontece em Bucareste, lugar
que deixou de ser um ambiente humano
para se tornar uma infinita exibição de imagens, muitas delas animadas – a pior delas
com a garrafa Coca-Cola, símbolo que ins-
pira em mim e na maioria das pessoas que
conheço uma efervescente ira iconoclasta,
uma fúria contra a dessacralização.

Tais controvérsias nos dizem algo acerca
do abismo que separa o ícone sagrado da
marca profana. Ícones são um convite à
dessacralização, uma vez que demandam
uma veneração que podemos não querer
ou não conseguir dar. Marcas atraem raiva
porque são por si só dessacralizações – seja
do lugar onde são colocadas, como os painéis eletrônicos de Bucareste, ou da própria
vida humana, contra a qual Marx, Adorno,
Packard e Klein, cada um a seu modo, se
insurgem. De acordo com seus opositores,
a imagem da marca é uma invasão psíquica,

que usa todo aparelho disponível para se fixar em nossa consciência e assim criar e capturar nossos desejos. Ela é parte de todo o sistema de escravização à nossa volta, ativado a partir do momento em que permitimos que as imagens cubram a realidade e a tentação apague a necessidade.

Tais reflexões, mais notáveis por sua exuberância do que por sua razoabilidade, dissociam-se consideravelmente daquela de Kemp, embora ele não deixe passar em branco a observação feita por Walter Benjamin de que na era da «reprodução mecânica» as imagens estão perdendo sua «aura» – em outras palavras, estão deixando de exaltar as coisas que retratam e começando a vulgarizá-las. Quem duvida de que isso se deu com o sexo, que teve a alma subtraída pelas imagens fotográficas? E quem duvida de que essas imagens são viciantes, exercendo seu poder corrosivo por toda a sociedade, profanando a forma humana e mudando a maneira como o sexo é vivido? OK, não se pode culpar a Coca-Cola pela pornografia, pode-se culpar o vício pelas imagens, que cresceu em grande parte devido ao hábito das grandes marcas e à maneira como emporcalhamos livremente o mundo com imagens cativantes da forma humana.

Kemp fala da ideia de «presença real» apenas uma vez ao longo de sua descrição da reação dos americanos comuns à dessacralização da bandeira nacional. «Por trás das regras» (que governam o tratado sobre as bandeiras), ele escreve, «há um poderoso sistema de crenças, que chamo de ‹metafísica da bandeira›. Ele decreta que a bandeira não é meramente um pedaço de pano simbólico que sinaliza uma identidade, mas de alguma forma encarna uma ‹presença real› — um tipo de essência espiritual dos Estados Unidos como uma entidade criada por Deus.» Colocando de maneira mais simples, o americano comum enxerga sua bandeira como algo sagrado, e portanto passível de ser profanado. Alguém que profana o que julgo ser sagrado *me* ataca em meu íntimo. Pois tudo o que me é sagrado representa, em sua forma mais elevada, a identidade e as obrigações que definem meu lugar na Terra. Como ponderou Durkheim, as coisas sagradas são «separadas e proibidas». Só os iniciados podem fazer total uso delas, e ele é cuidadosamente garantido pelos tabus. As coisas sagradas definem quem somos, e expô-las à profanação é trazê-las de sua transcendência para uma esfera empírica, privá-las de sua permanência e de sua «aura», e, portanto, expor tanto elas quanto nós à destruição.

As coisas se tornam sagradas quando sacrifícios em nome da comunidade são destilados nelas, como o sacrifício de gerações de soldados, marinheiros e pilotos na bandeira americana. Coisas sagradas são *convites* ao sacrifício, como a bandeira em tempos de guerra. Coisas sagradas criam pontes entre gerações: elas nos lembram de que os mortos e aqueles que estão por nascer estão entre nós, que suas «presenças reais» vivem em cada um de nós, assim como também estamos neles. A recusa da religião nos privou das coisas sagradas. Mas não nos privou da necessidade delas. Tampouco nos privou do senso agudo de dessacralização que sentimos quando imagens ridículas invadem lugares outrora ocupados por representantes de um mundo transcendental.

Bandeiras representam reivindicações e lealdades, possuindo poder graças ao que significam, não a como parecem. É por isso que a bandeira americana é bonita, embora não tão bonita quanto, a meu ver, a bandeira do Reino Unido. Mas essa não é a explicação de seu apelo. A bandeira americana não nos apresenta realidades específicas, e nisso ela é totalmente diferente das fotografias do Vietnã ou dos monumentos a Iwo Jima. É uma imagem que tem poder graças ao seu uso; e isso é algo que compartilha com os ícones de santos da Igreja Oriental, bem como com as naves que embelezam todo altar. Além disso, mesmo que Benjamin estivesse certo quanto às fotografias no sentido de que elas não têm a «aura» que se anexava às imagens nas tradições antigas perpetradas pela pintura, com certeza estava errado ao dizer que a reprodução mecânica é em todo lugar o inimigo da aura. A bandeira americana mantém sua aura, inclusive agora que é alçada em milhões de varandas suburbanas. E é por isso que as pessoas sempre a estão queimando.

Morrer na hora certa

O antigo juramento de Hipócrates, que conclama o médico a visar somente a preservação da vida, pertencia a uma época em que as pessoas morriam jovens, em que infecções e feridas eram a principal causa de morte e o declínio lento e irreversível que todos sofreremos era um evento raro, e muito bem-aceito exatamente por ser raro. Porém cada vez mais médicos e enfermeiros se encontram sob pressão para agir de forma que encurte a vida de seus pacientes, e essa pressão vem tanto dos pacientes quanto daqueles que os amam (sem mencionar aqueles que lucram com as suas mortes).

Pode ser verdade (e acho que é verdade) que a nossa compreensão moral está arraigada em condições que não abrem facilmente espaço para tais dilemas. Muitas das mais complicadas questões sobre «acabar com a vida» resultam de avanços médicos que remodelaram a condição humana, ao passo que apelar para considerações morais é apelar para a condição humana como ela *era*, e não como é. Isso não significa, no entanto, que não temos nenhum guia moral. A consciência está sempre vigilante e se recusa a fechar os olhos em situações novas. Ela sempre busca uma resposta e almeja conciliar essa resposta com as intuições acerca da vida e da morte, em que a nossa moralidade inicia. A pergunta é até que ponto, e dispondo de quais meios, essas intuições têm de ser revistas no processo.

Por exemplo, temos ideias a respeito da justiça, bem como da relação entre a justiça, que é um direito, e a caridade, que é um privilégio. Essas intuições são sempre desafiadas, não somente pela medicina moderna, mas também pela quase universal tomada de provisões médicas pelo Estado. Talvez tenha sido quando os médicos e hospitais vendiam seus serviços para aqueles que podiam pagar e os ofereciam de graça àqueles que não podiam. Nessa época os médicos tinham um dever de justiça com aqueles que os contratavam e de caridade com aqueles que não o faziam, mas não tinham a quem recorrer. A situação era cheia de dilemas e conflitos insolúveis, mas não há dúvida de que os dilemas foram alterados radicalmente pela emergência do Estado de bem-estar social, que garante a cobertura médica como um direito civil e não distingue entre os que podem pagar e os que não podem. De uma só vez problemas relacionados com caridade e discrição se transformaram em problemas de justiça e direito. Como os recursos são escassos, haverá inevitavelmente questões a respeito de sua justa alocação. Os mais velhos veem-se, portanto, em uma situação complicada, até porque sua sobrevida até a velhice é por si só resultado de uma cobertura médica universal. A questão surge inevitavelmente: o Estado deveria dedicar seus escassos recursos à manutenção de um velho frágil vivendo precariamente ou tratar doenças e feridas que afetam as vidas dos mais jovens? Esse é um dos muitos dilemas que, com as mudanças das práticas médicas e a disponibilidade e efetividade da cobertura do atendimento, não são fáceis de resolver.

Em vez de refletir acerca de questões de justiça, gostaria de considerar as mudanças que foram esculpidas pela medicina moderna em nossa atitude em relação à morte. A medicina moderna prolongou o tempo de vida médio para muito além do que poderia ter sido antecipado há um século – e, naturalmente, é aí que surge o pensamento de que poderia, em princípio, prolongá-la para sempre, oferecendo a cada um de nós uma vitória médica sobre a própria morte. Quanto a essa segunda possibilidade, tenho uma única coisa a dizer: na vida prolongada pelo elixir da imortalidade, as coisas a que damos mais valor – amor, aventura, novidade, coragem, benevolência, compaixão – se esvairiam inexoravelmente. Se você não acredita nisso, deve ler a peça *The Makropulos Case*, de Karel Capek, ou (ainda melhor) ouvir a ópera que Janácek compôs a partir dela.[1]

---

1 Ver o clássico artigo de Bernard William, «The Makropulos Case: Reflections on the Tedium of Immortality». In: em *Problems of the Self*. Cambridge: CUP, 1973.

Além disso, que direito temos de entulhar o planeta com nossa presença permanente, sem deixar lugar para a próxima geração? Se é nessa direção que a medicina está seguindo, temos a obrigação moral de dar um basta nisso.

Em contraposição à fantasia da vida eterna na Terra, sugiro que temos noções importantes e úteis em relação à hora certa de morrer. Nietzsche fez da ideia da morte oportuna parte fundamental de sua moralidade. Sua própria morte foi precedida por dez anos de vacância mental, bem distante do que se pode imaginar ser a hora certa de morrer. Contudo, sua intenção era nos lembrar de que o que mais amamos em vida pode ser danificado pela longevidade, e as realizações e os afetos que dão propósito ao nosso ser podem ser retrospectivamente erodidos por nosso futuro declínio. Isso pode parecer estranho quando consideramos o problema do nosso ponto de vista. Um pedaço extra de vida, mesmo que atrapalhado por dores e arrependimentos, é ainda assim um bônus. Aguentar é certamente melhor que cair, quando cair significa desistir. Sendo assim, é normal pensar que

A mais desgastada e mais odiada vida terrena
Que a idade, a dor, a penúria e a prisão
Podem deitar sobre a natureza é um paraíso
Em comparação ao medo que temos da morte.

Medida por medida

A questão é que não há visão retrospectiva da minha morte que me seja disponível: ela pode ser conhecida e pensada somente no tempo futuro.[2] Portanto não há como organizar as coisas em meu pensamento de modo que eu veja minha morte como oportuna. Ela ocorre para mim sempre no futuro, o horizonte da minha tomada de decisão. Mas o julgamento do momento certo pode ser feito somente de um ponto além do horizonte – um ponto que não consigo alcançar.

Entretanto, não vemos nem podemos ver as coisas somente de nosso ponto de vista. Acredito que possamos fazer algum progresso se o colocarmos de lado e adotarmos a perspectiva de um terceiro. Sob essa perspectiva veremos a vida humana em termos de valores e projetos independentes de nossa urgência de sobreviver. E, quando consideramos as coisas seriamente, deparamos com outro conceito de vida humana, diferente do conceito que é familiar a um biólogo. Encontramos o conceito *moral* da vida humana. Do ponto de vista moral, a vida humana não é um caso especial de categoria biológica do que entendemos como vida em outros organismos. Não compreendemos a vida humana simplesmente como o processo pelo qual um homem resiste desde o nascimento até

---

2 Ver Vladimir Jankélévitch, *La mort*. Paris: Grasset, 1966.

a morte. Nós a compreendemos como um drama contínuo e em desenvolvimento, com um significado que reside no todo e que não é redutível à significância sentida de suas partes.

Uma vida é um objeto de julgamento, assim como uma obra de arte; e julgar significa *vê-la de fora*, como a vida de outro. Isso, a meu ver, é a definição real de ponto de vista moral. É o ponto de vista do outro, que vê o eu também como outro. E o conceito de vida habita o ponto de vista moral. É por isso que os sábios gregos nos disseram para não julgar um homem feliz até que ele tenha morrido. Eles queriam dizer que o valor de uma vida é uma propriedade de *toda* uma vida, e que a morte e o morrer fazem parte dessa vida tanto quanto as experiências que os precederam. Qualquer um que já tenha vivido uma grande aflição, perda ou humilhação sabe que nada do nosso passado está realmente seguro. O maior amor, a maior realização, o maior reconhecimento podem ser envenenados por um desenrolar súbito – como quando uma mulher sabe da infidelidade do marido e enxerga seu próprio amor, no qual depositou sua confiança e felicidade, como um desperdício, ou como quando um político famoso, cuja corrupção foi exposta, percebe somente desdém nos rostos que antes o encaravam com admiração.

Sendo assim, estados de ser que pareciam na época inquestionavelmente bons podem ser retroativamente envenenados, perder seu aspecto positivo e chegar a ser provas de fraqueza. Viver até o ponto em que isso acontece é certamente viver muito, pois é entrar em uma época de arrependimentos, como o homem que perde uma fortuna do dia para a noite, ficando sem um tostão para sua diversão pessoal. É importante, portanto, saber quais traços da condição humana podem proporcionar essa mudança repentina. A sabedoria dos antigos nos diz que a reversão de nossa felicidade vem com vergonha e humilhação – julgamento adverso aos olhos dos outros. Para colocar a questão de forma mais moderna: a reversão ocorre quando nossa vida perde seu apoio objetivo na relação «eu/vocês» que até então nos definia. Assim como «ter uma vida» é uma ideia moral, «perder uma vida» também é. E o segredo da felicidade é morrer antes que isso ocorra.

Era, portanto, perfeitamente coerente os gregos antigos, japoneses, romanos, anglo-saxões e outros guerreiros acreditarem que a morte era preferível à sobrevivência vergonhosa – tanto que, por exemplo, a guerra pode se apresentar como uma situação em que a hora de morrer é certa. Plutarco, Tito Lívio e outros estão cheios de histórias morais que deságuam para a decisão, de um herói ou heroína antigos, de que seria melhor pôr um fim à própria vida no presente em vez de deixá-la estender-se ao futuro. E, mesmo quando o sujeito não é ele mesmo o agente de sua morte, sendo privado de sua vida por um acidente ou contra sua vontade, torna-se perfeitamente coerente pensar que ele pode, nessa ou naquela circunstância, ter morrido na hora certa (antes que alguma vergonha ou desgraça pudesse desabar sobre sua cabeça, por exemplo).

Essas formas antigas de pensar refletem circunstâncias que em larga medida já não existem – vidas que eram mais precárias, mais expostas a ameaças externas, mais vividas aos olhos de quem julga, do que as de hoje. Porém elas nos fazem enxergar que não há nada de incoerente em acreditar que uma vida pode ser confortável, saudável e até mesmo impulsionada por afetos, ainda que tenha ido longe demais – para além do ponto no qual teria sido a hora certa de morrer. (Veja as palavras de Brutus ao tirar a própria vida e as do serviçal Charmion diante do suicídio de Cleópatra, como relatado por Plutarco.) Se ainda consideramos pensamentos similares hoje, raramente é pelas razões ensaiadas por Plutarco e outros – raramente porque julgamos a vida continuada como vergonhosa ou indigna da pessoa que considerávamos ser. Não obstante, compartilhamos com os heróis de Plutarco a visão de que a morte não é a pior coisa que pode nos acontecer.

Nossa maneira de pensar, assim como a dos heróis de Plutarco, é imbuída de ideias morais. Uma pessoa vive demasiado quando sua sobrevivência se torna uma ofensa moral. Isso pode se dar devido a algo que ela fez: mesmo aqueles que não creem na pena de morte admitirão que alguém pode comprometer tanto seu privilégio de viver que sua sobrevivência é um insulto às suas vítimas. Independentemente do que *ele* pense, a verdade é que o resto de nós pensa que ele está vivendo mais do que deveria. É perfeitamente coerente também que as pessoas acreditem que seja errado viver até o ponto em que a vida de alguém se torne um fardo, quando não pode realizar projetos pessoais ou desfrutar do amor de outros. Esse pensamento surge de uma perspectiva moral diferente da que motivava Brutus e Cleópatra. Não é o medo da vergonha e da humilhação que está em jogo, e sim a sensação de que o valor de uma vida se encontra em larga medida no amor daqueles que desfrutam dela. Perder a possibilidade desse amor é perder o que faz a vida valer a pena. Para os cristãos, é claro, nunca se pode perder a possibilidade do amor de outro. O amor de Deus flui perpetuamente sobre todos nós, e nosso trabalho se restringe a abrir o coração para recebê-lo. Contudo, foi em parte o declínio desse pensamento que fez com que a questão da longevidade se tornasse tão importante hoje.

Há uma ideia mais autocentrada de uma hora certa de morrer que abastece nossa sensibilidade moderna. Ela é mais autodirecionada do que direcionada para fora, possuindo aspectos positivos e negativos. No aspecto positivo está a ideia de uma satisfação perfeita no momento, sendo que o tempo além desse presente seria uma vida de decadência. O pensamento é expresso por Keats em sua *Ode ao rouxinol*:

Agora mais do que nunca parece valer a
tranquila morte
Cessar sobre a meia-noite sem nenhuma
dor...

Essas linhas, escritas por um poeta condenado, falam a todos nós. Não vemos a
vida somente como um todo, passível de
ser entendida como uma afirmação completa, com um começo e um fim. Nós a
vemos como uma sucessão de momentos,
e em alguns deles, poucos e preciosos, encontramos uma concentração do todo das
coisas, como o céu contido em uma gota
de orvalho. Porque o momento se acaba,
sentimo-nos mal por sobreviver a ele, já que,
nesse instante, nos é dada uma visão que só
podemos perder ou poluir, atulhando-a com
experiências futuras.

Mas esse aspecto positivo da ideia sen-
sual é contrabalanceado por um mais ne-
gativo e assustador, que é o sofrimento que
precede a morte e que faz com que ela seja
bem-vinda como única saída. Aqueles que
cometem suicídio no intuito de evitar a dor
agem sob uma motivação totalmente distinta daqueles que o cometem para evitar a
vergonha. Os que se matam por vergonha
estão tentando *salvar* as suas vidas, remo-
vendo o olhar aniquilador do outro. Aqueles
que buscam fugir da dor só querem mesmo
acabar com ela. Não estão atrás de triunfo
em face da derrota; não estão completando
um drama que requer só *isso* no final. Estão
simplesmente evitando a dor.

Vergonha e dor são, ambas, convites a colocar um fim à vida. Entretanto, há outra maneira de viver além da vida, que é a da debilidade e do declínio. A pessoa cuja mente se perdeu, que não consegue tomar decisões por si própria ou que de alguma forma não consegue mais se relacionar com outros seres humanos também está, por assim dizer, vivendo mais do que deveria. A morte de uma pessoa não é, como a morte de um animal, mero término da vida. É o envelope em que a vida está contida, uma luz que brilha ao longo do caminho que leva a ela. Ao menos, é assim que gostaríamos que fosse, e o que foi para Brutus e Cleópatra. Contudo, quando uma pessoa perde sua personalidade antes de morrer, é como se o envelope de sua vida fosse rasgado. Sua vida escorre desordenada para fora de seu frasco, e o que teria sido valoroso e completo se torna cada vez mais desordenado e espalhado à medida que os anos se passam.

É claro que há vários tipos de caso a considerar aqui. Mas o que estou imaginando é um em que a vítima perde sua capacidade de se relacionar com os outros, passando a ser um objeto de amor somente por ser lembrado como tal, não por ter a capacidade de dar ou receber amor no presente. Ela se tornou um fardo para seus parentes e para si mesma. Não obstante, sua dor não chega a ser tão extrema que a morte lhe caia como um ato de piedade. Tampouco está sofrendo algum tipo de vergonha ou humilhação que faça com que seus pensamentos a conduzam a essa direção – na verdade, nada conduz seus pensamentos em direção nenhuma.

A vida que vale a pena não é algo que compreendemos ou percebemos sozinhos. Ela se torna valiosa em virtude das relações com os outros, nas quais a estima e os afetos mútuos retiram nossas ações do domínio do apetite e as preenchem de significado – significado para os outros que as observam e as reconhecem como valiosas, e significado para nós mesmos justamente por essa razão. A plenitude e a completude de nossas vidas não são reveladas apenas para nós e não podem ser alcançadas sem ajuda: é uma plenitude e uma completude que têm as suas origens no julgamento e no afeto daqueles que encontramos. Viver para além do ponto em que sua aprovação e seu amor já não podem ser correspondidos é viver em uma selva moral, um lugar de sombras e negações, comparado até mesmo com o Hades dos antigos, assim como descrito pelo fantasma de Aquiles na *Odisseia*. E essa selva se encontra diante de todos nós, basta vivermos para além da compreensão, da vontade e das relações interpessoais que governam nossa conduta.

Muitos cuidarão de um parente que chegou a tal estado, amando sua memória e a pessoa, por causa dessa memória. Outros acharão impossível fazer os sacrifícios necessários, uma vez que verão o amor se tornar tolerância, a tolerância, irritação, e a irritação, raiva ou desespero. Sendo assim, de forma crescente, a resposta a esse tipo de declínio irreversível é colocar a vítima em uma casa de repouso, onde será cuidada por profissionais confiáveis, justos e indiferentes. Esse uso de recursos e de capital humano preciosos é difícil de ser justificado em termos utilitários − o que tomo como sendo uma crítica ao utilitarismo, e não à instituição médica. E isso levanta de forma aguda a questão de se deveríamos ou não fazer mais do que estamos fazendo, tanto coletivamente quanto individualmente, para definir qual é a hora certa de morrer. Talvez devêssemos estar mais preparados do que estamos para tomar as rédeas da morte, e não deixá-la ser decidida por um destino incompreensível.

Hoje, a medicina moderna e o sistema de saúde fizeram com que se tornasse normal vivermos para além de nossa capacidade mental e de nosso vigor físico. Por mais que temamos tal destino, não deixamos de ir toda hora ao médico e de tomar remédios. O medo é racional, mas o medicamento nem tanto. Somos colocados diante de uma escolha contínua − exaurir nossos corpos enquanto ainda os habitamos e em seguida eleger a melhor saída que pudermos ou seguir adiando o momento da verdade até chegar ao ponto em que já não somos capazes de fazer nada em nosso socorro. A pessoa que fez tanto para impedir a morte, combatendo-a até o ponto de tornar-se incapaz de tomar decisões claras a respeito dela, não é alguém a quem *devemos* alguma ajuda quando chega a hora de decidir o que tem de ser feito.

O que me preocupa, portanto, é como podemos vislumbrar um momento certo para a morte e o que seria correto ou errado fazer na busca por tal objetivo. Não consigo encontrar nada para desaprovar os suicídios de Brutus e Cleópatra, ao menos da forma como Plutarco e (depois dele) Shakespeare os descrevem. Seria impertinente, parece-me, dizer que esses grandes seres humanos não tinham o direito de fazer o que fizeram. Eles encararam tais ações como sua responsabilidade e, ao fazê-lo, as tornaram lindas e generosas, um reconhecimento do mundo mais amplo e de seus deveres para com ele. O que dizer, porém, de mim e de você, criaturas mantidas em um banho amniótico do sistema de bem-estar, que passam a vida evitando o perigo e querem ampliar seus momentos de prazer ao máximo possível? Quando deveríamos tomar tais decisões, como e por quê? E o que os outros deveriam fazer para nos ajudar?

Acho que devemos fazer uma clara distinção aqui entre a morte concebida como fuga da dor e a morte concebida como proteção contra o declínio mental. A primeira pode ser entendida e perpetrada em nome de outro, mas a segunda só pode ser entendida e perpetrada em nome de si mesmo. Dito isso, todos os que se importam com o doente terminal, seja profissionalmente ou por amor e apego, querem aliviar seu sofrimento. E, se o meio de fazê-lo é encurtar a vida do paciente, isso passa a ser uma preocupação secundária. Refiro-me a drogas como morfina e codeína, que enfraquecem de maneira indolor os sistemas vitais, permitindo assim a «tranquila morte» invocada por Keats. É claro que haverá aqueles tipos furiosos, como Dylan Thomas, que imploram para seus dependentes moribundos: «Não vás tão docilmente nessa noite linda», e «Clama, clama contra o apagar da luz que finda». Porém aqueles que esquecem seus próprios dramas e se fazem presentes no amor que realmente importa certamente concordarão que a descoberta de tais drogas e seu uso por profissionais sob supervisão e controle adequado contribuirão para justificar todos aqueles outros avanços médicos mais questionáveis que nos deixaram cara a cara com as doenças horríveis da velhice. Se tais drogas existem, então não seria homicídio pedi-las ou administrá-las – desde que o diagnóstico da doença terminal fosse determinado corretamente.

O caso mais complicado é o do declínio mental. O que deveríamos fazer – se é que podemos fazer algo – para escapar de um futuro sem aqueles atributos distinguíveis que nos fazem pessoas entre nós e para nós mesmos: compreensão, autoconsciência, emoções interpessoais e a habilidade de lidar uns com os outros de «eu» para «eu»? Tais capacidades são fundamentais para a personalidade, e perdê-las é deixar de existir na condição de pessoa, até mesmo quando continuamos a existir como seres humanos. É claro que esse cessar de existir como pessoa não anula o direito de vida nem faz com que não seja crime a decisão de alguém resolver acabar com uma vida peremptoriamente. O crime aqui é comparável ao infanticídio. A piedade exige que respeitemos o que um dia foi a vida de uma pessoa, assim como respeitamos a vida de alguém que um dia será uma pessoa.

Então a pergunta é: há algo que seja permissível para eu fazer agora, a fim de colocar em funcionamento a execução de uma morte em seu tempo correto que vai me poupar de destino tão sofrível? Deveria eu, por exemplo, começar a me engajar em um esporte perigoso que vai me garantir que, a partir do momento em que algum sinal de debilidade se manifeste, eu acabe cometendo um erro fatal que vai me levar à morte? Mas e se o erro não for fatal e me deixar em uma cadeira de rodas? E como alguém pode planejar a morte antes da debilitação, quando é somente no momento em que todos os planos deram errado que o plano se justifica?

Desde os tempos antigos, é papel do filósofo nos mostrar como deveríamos pensar a morte, de modo que superemos o medo dela. Epicuro e, em seguida, Lucrécio argumentaram que não há nada a temer na morte, uma vez que ela é o nada: não sobrevivo a ela, portanto não há nada para mim do outro lado. Em um sentido importante, a morte não acontece a mim: quando estou morto, ela não é nada; quando há morte, eu não estou. Esse é apenas um exemplo da tentativa de neutralizar o medo da morte por meio do pensamento. Filósofos mais recentes tomaram a linha de que o que conta de verdade não é o que pensamos, mas o que fazemos. Assim, Heidegger nos diz que superamos nossa ansiedade adotando outra postura existencial no lugar da instrumentalidade do dia a dia. Ele chama essa postura de «ser para a morte», e conta que, ao adotar tal mentalidade, a incorporamos a nossas vidas, superando seu aspecto amedrontador e atingindo uma espécie de serenidade na ação que se faz totalmente consciente de nossa mortalidade.

O que quer que pensemos de tais argumentos, eles não nos ajudam com o problema da senilidade. Talvez eu não sobreviva à sua chegada, mas o bastante de mim sobrevive para me dizer que é verdade que a senilidade é algo que vai acontecer com o passar dos anos e então vai me tomar algo de supremo valor, no caso o envelope de minha vida, a morte apropriada que teria me completado. Quanto a Heidegger, ser para a morte soa grandioso e inspirador para uma postura existencial, mas ser para a senilidade já não tem o mesmo apelo.

A questão é: como eu deveria viver agora e que preparações eu deveria fazer tendo em vista essa ameaça de viver além de minha própria identidade, na condição de uma criatura que age, sabe e ama? Acredito que deveríamos buscar inspiração em Aristóteles e mudar o foco da questão. Grosso modo, eis o quadro que Aristóteles pinta da vida moral. Não posso saber agora minhas circunstâncias futuras ou meus desejos. Tudo o que posso saber são verdades gerais acerca da condição humana e das disposições de caráter que capacitam as pessoas a serem bem-sucedidas nas contingências da vida. Sucesso nas ações significa agir de forma que os outros admirem e apoiem essas ações. A felicidade advém quando vemos nossa própria condição assim como outros a veem, e que o que somos é algo bom. Sendo assim, tudo o que posso fazer agora para confrontar as vicissitudes de uma vida futura que não posso prever é adquirir as disposições que admiro em outra pessoa – disposições que entendemos como virtudes. Para Aristóteles, assim como para vários outros pensadores antigos, elas orbitam ao redor de um centro – as quatro virtudes cardeais da prudência, da coragem, da justiça e da temperança, que garantem nossa robustez moral e nossa aceitabilidade aos olhos dos outros. Tudo o que posso fazer agora para garantir minha felicidade futura é exercê-las de forma que se tornem parte de meu caráter, e de forma que, quando a hora chegar, eu faça o que valha a pena, seja honrável e com isso ganhe a aprovação daqueles a cujas boas opiniões me inclino. Evidentemente, a pessoa virtuosa pode sofrer algo que seja poupado ao seu antípoda. Na guerra, por exemplo, é normalmente o corajoso que morre e o covarde que sobrevive – mas com que propósito sobrevive? No dia a dia o covarde se abate com o menor sopro de adversidade contrário, sempre se perdendo no caminho para a felicidade que tanto persegue.

Do mesmo modo, se vamos confrontar a ameaça da senilidade, deveríamos primeiro abordar a questão das virtudes que nos capacitam a lidar com ela. E isso quer dizer falar das disposições que encontramos em outra pessoa que despertariam nossa admiração, que mostrariam a essa mesma pessoa que ela está no caminho vitorioso para o confronto, como Brutus, que extraiu a vitória da derrota quando caiu sobre sua espada. A covardia sempre gera uma resposta negativa no observador. Gente que não consegue suportar o pensamento da morte, que nunca faz nada para entendê-la ou para aceitá-la, que foge dela ou que se engana pensando que pode ser adiada indefinidamente, desperta nos outros um pensamento do tipo «Deus me livre de ser como ela!». E aqueles que evitam o medo da morte congelando seus corpos para ser ressuscitados quando a ciência for capaz de lhes dar outra chance não somente nos enoja com sua covardia, mas também dá mostras de um egoísmo monstruoso, recusando terminantemente abandonar o planeta e abrir espaço para seus sucessores, preferindo assim entulhar a Terra com sua presença indesejada para todo o sempre. São essas pessoas que levam a medicina para a direção repugnante defendida por

Aubrey de Grey e os transumanistas: a da imortalidade.

Portanto, a coragem – de enfrentar a verdade e de viver plenamente perante ela – é condição *sine qua non* de qualquer tentativa de lidar com a ameaça da senilidade. Com coragem, uma pessoa pode tratar de viver de outra forma, que maximizará suas chance de morrer ainda com suas faculdades mentais intactas. Essa não é a forma da cultura do bem-estar em que estamos imersos. Ela não envolve a busca constante por confortos ou a obsessão pela saúde. Ao contrário, é uma forma de descuido benigno e autonegligência, de deleites arriscados e aventuras intrépidas. Ela envolve exercícios constantes, mas não do corpo, e sim da pessoa, mediante relacionamentos com outros, sacrifícios, busca por oportunidades de se envolver e se expor. Ao menos essa é minha visão. A vida de descuido benigno não é de excessos. É lógico que você pode beber, fumar e comer coisas gordurosas, mas não ao ponto da gula. A proposta é enfraquecer o corpo enquanto fortalece a mente. Os riscos que você assume não deveriam afetar suas motivações ou seus relacionamentos, somente suas chances de sobreviver. Médicos autoritários e fascistas da saúde atacarão, dizendo para melhorar sua dieta, para fazer exercícios físicos regulares, para beber mais água e menos vinho. Se decidir por uma vida de riscos e resistência, o patrulhamento filosófico o perseguirá, e seu estilo de vida será motivo de chacota e desdém. E nem é que essa gente queira que você viva além de seu tempo. Para usar uma famosa imagem de Adam Smith, o gulag dos velhos surge por meio de uma mão invisível proveniente de uma falsa concepção da vida humana – uma concepção que não vê a morte como parte da vida, mas a morte na hora certa como fruto dela.

Cada um de nós deve decidir por si próprio em que consiste uma vida de descuido benigno. É claro que hábitos perigosos como caça e montanhismo também têm a sua vez. Igualmente importante é a expressão direta de sua opinião, de modo que ganhe bons amigos e colecione inimigos implacáveis, um processo que estimula tanto as consolações da vida social quanto as tensões do dia a dia. Não sei se poderia viver como minha amiga, a escritora e militante Ayaan Hirsi Ali; mas há uma adorável imprudência em sua maneira autêntica de viver que faz com que cada momento seja memorável. Sair e ajudar os outros, de maneiras que envolvem perigo e risco de contaminação, é também uma forma útil de exposição. O ponto principal, parece-me, é manter uma vida de risco ativo e de afetos, ao mesmo tempo que se ajuda o corpo em seu processo de decaimento, lembrando sempre de que o valor da vida não consiste em sua duração, mas em sua profundidade.

Preservar a natureza

O ambientalismo tem todas as marcas de causa da esquerda: uma classe de vítimas (as futuras gerações), uma vanguarda iluminada que luta por elas (os militantes), filisteus poderosos e exploradores (os capitalistas) e as inúmeras oportunidades para expressar ressentimento contra o Ocidente, os bem-sucedidos e os ricos. Seu estilo também é de esquerda: o ambientalista é jovem, desgrenhado, de reputação discutível e tem a mente sempre focada em algo mais elevado; o oponente é monótono, de meia-idade, bem-vestido e normalmente americano. A causa é desenhada para recrutar intelectuais, com fatos e teorias lançados ao ar de qualquer jeito, e o ativismo sempre é encorajado. O ambientalismo é algo a que uma pessoa *se une*, e para muitos jovens ele tem o caráter de redenção e de bênção identitária típico das revoluções do século XX. Ele tem sua ala militar, no Greenpeace e em outras organizações ativistas, e também seus comitês intensos, seu *odium theologicum* e seus diários panfletários. Ambientalistas que fogem da linha, como Bjorn Lomborg, autor de *O ambientalista cético*, são denunciados nessas importantes reuniões, e em seguida demonizados como hereges. Em resumo, parece uma religião secular, como o socialismo, o comunismo e o anarquismo, que viraram o mundo de cabeça para baixo no século xx. Por causa disso os conservadores se opõem a esse movimento de forma instintiva, procurando por fatos e teorias de sua própria autoria, no intuito de fortalecer sua convicção de que o aquecimento global, a redução da biodiversidade, o aumento do nível dos mares, os níveis de poluição alarmantes ou o que quer seja são simplesmente mitos da esquerda, comparáveis à «crise do capitalismo» profetizada pelos socialistas do século xix.

No entanto, a causa do meio ambiente não é, por si só, de forma alguma da esquerda. Não se trata de «libertar» ou empoderar a vítima, e sim de salvaguardar recursos. Não se trata de «progresso» ou «igualdade», mas de conservação e equilíbrio. Seus seguidores podem ser jovens e desgrenhados, mas isso se dá porque as pessoas de terno ainda não perceberam onde se encontram seus verdadeiros interesses e valores. Os ambientalistas podem parecer contrários ao capitalismo, porém, se entendessem as coisas corretamente, seriam mais contra o socialismo, com seus projetos gigantescos, incorrigíveis e controlados pelo Estado, do que contra o *éthos* da empresa livre. Decerto, o ambientalismo é a quintessência da causa *conservadora*, o exemplo mais vívido no mundo como o conhecemos da parceria entre os mortos, os vivos e os que estão por nascer, que Burke defendia como sendo o arquétipo do conservador. Seu objetivo fundamental não é proporcionar um reordenamento radical da sociedade ou a abolição dos direitos e dos privilégios herdados. Ele não está, em si, interessado em igualdade, exceto entre as gerações, e sua atitude em relação à propriedade privada é, ou deveria ser, positiva, pois é só a propriedade privada que confere *responsabilidade* pelo meio ambiente, em oposição ao direito absoluto de explorá-lo, cujo efeito vimos nas paisagens em ruínas e nos rios envenenados do antigo império soviético.

Mas como os conservadores moldam suas políticas ambientais? Que leis deveriam propor e que recursos deveriam proteger? A tentação é se agarrar a um plano abrangente, como o plano de Roosevelt para os parques nacionais – proteger uma parte do meio ambiente de modo perpétuo e controlar o uso do restante por meio da lei. Contudo, tais soluções estatais vão contra a essência dos conservadores – elas representam uma ameaça não somente à liberdade individual, mas também ao processo (do qual o livre mercado é paradigma) pelo qual as soluções consensuais *emergem*. Soluções estatais são impostas de cima, costumam ser desprovidas de aparatos corrigíveis e não podem ser facilmente revertidas caso se constate uma falha. Sua inflexibilidade anda junto com sua natureza planejada e orientada para objetivos, e, quando fracassam, os esforços do Estado são direcionados não para mudá-las, mas para mudar a crença de que elas fracassaram. O prejuízo às paisagens costeiras da Holanda e da Dinamarca levado a cabo por horrorosas turbinas eólicas é um caso a ser considerado. Esses espantalhos modernos surgem no horizonte por toda parte, agitando seus braços brancos como se fossem fantasmas desconsolados, arruinando a paisagem com suas aparições macabras, como que anunciando o Juízo Final. As pessoas aguentam tudo isso porque foram convencidas de que esses monstrengos são a solução para os escassos recursos energéticos. O problema, todavia, é que têm uma capacidade reduzida e nunca poderão substituir as estações movidas a carvão e prover a maior parte da eletricidade de que o país necessita, além de apresentarem vários tipos de problemas para o meio ambiente, sem contar o desastre que causam entre as populações de pássaros migratórios. Não obstante, governos raramente admitem seus erros; e a propaganda oficial continua a falar como se os campos eólicos fossem a prova duradoura da retidão socialista.

Outro exemplo, mais sério, pode ser visto nos Estados Unidos. O maior problema ambiental gerado pelo homem nesse país são os subúrbios. A suburbanização leva a um crescente aumento do uso de automóveis e à dispersão da população, gerando um crescimento exponencial do consumo de energia e do uso de materiais não biodegradáveis. Os conservadores argumentam que isso é resultado da liberdade e do mercado. As pessoas se assentam fora dos centros porque querem, em busca de verde, jardins com árvores, tranquilidade – resumindo, querem seu próprio pedaço de natureza. Mas não é bem assim. Elas se mudam em busca de um ambiente suburbano, e o fazem porque ele é fortemente subsidiado pelo Estado. As estradas, a infraestrutura e as escolas são fruto de investimentos do Estado, o que desequilibra totalmente a economia natural da cidade, fazendo com que fique mais fácil, mais seguro e mais barato viver em suas franjas, que ficam cada vez mais longe do centro. O mecanismo aqui não é bem o do livre mercado. Muita da expansão dos subúrbios procede do exercício do «domínio eminente» – a provisão na lei americana que passa para o aparato oficial poderes de expropriação iguais aos poderes exercidos pelos governos socialistas da Europa, algumas vezes até os excedendo. As estradas são um exemplo óbvio disso, e a mania de construí-las para manter o trânsito em um nível arbitrariamente imposto pelo aparato oficial é a causa mais importante da mobilidade descuidada da sociedade americana. A verdadeira solução de mercado para o problema do trânsito – que seria deixar o carro e andar a pé – não é possível nos Estados Unidos, uma vez que não é possível caminhar até seu destino final. Ir às comprar, à igreja, à escola ou simplesmente à casa de um amigo – a suburbanização colocou a sua meta longe do alcance dos pedestres.

Porém não se pode mais viver no centro das cidades, reclamam os engravatados: não é seguro. O centro é lugar de negros e latinos, de párias e vagabundos; as escolas são terríveis, as taxas de homicídios não param de subir e as esquinas se encontram empestadas de drogas, álcool e prostituição. Bem, a verdade é que é isso mesmo que acontece quando o Estado subsidia os subúrbios, impõe leis de zoneamento que previnem a utilização mista apropriada nas cidades e se engaja em seus projetos gigantescos que empurram a classe média para fora do centro. Tudo isso ocorre em resistência à solução de mercado e, como Jane Jacobs apontou em *Morte e vida de grandes cidades*, acaba por privar o espaço de seus olhos e ouvidos, de suas comunidades mais unidas e da proximidade natural de seus cidadãos. Por acaso as cidades italianas apresentam taxas de homicídios próximas das cidades americanas? E por que será que todo mundo quer viver no centro de Paris, e não em seus arredores?

Menciono esses exemplos não somente porque ilustram a que ponto chega a devastação ambiental e quão difícil será consertá-la, mas também porque destaca dois pontos ainda mais importantes baseados em visões equivocadas: primeiro, a de que foi o mercado, e não o Estado, que criou o problema; segundo, a de que o meio ambiente pode ser discutido sem levantar questões de estética. Para mim, os problemas surgem exatamente quando interrompemos o caminho natural de resolver os problemas por meio da interação. Em outras palavras, os problemas surgem a partir do momento em que expropriamos os caminhos que levam ao consenso racional – como quando são expropriados pelo Estado sempre que este usa seus poderes de domínio eminente. As soluções aparecem quando permitimos que o senso estético se sobreponha, visando o que parece correto, o que se sente correto, àquilo que podemos reivindicar com os olhos e os corações de nossos vizinhos. As cidades americanas estão em decadência porque enormes recursos financiados por impostos estiveram sempre disponíveis para a construção de estradas e projetos de habitação, para a compra e demolição do que pode se chamar de favelas habitáveis, para a horizontalização da infraestrutura, para a imposição das mais malucas leis de zoneamento que não permitem que você compre coisas onde elas são feitas e que você faça coisas onde mora. As soluções desses problemas emergem quando as pessoas, constrangidas pelas limitações naturais impostas pela necessidade de chegar a soluções consensuais e sem os esquemas gigantescos montados pelo aparato oficial, tratam de construir uma vizinhança que pareça boa para quem vive nela, aberta para aqueles que compram, vendem e trabalham.

Como discuti em «Construir para durar», isso é algo que Leon Krier ilustrou em seus projetos para Poundbury na propriedade do príncipe de Gales, em Dorset. Na condição de arquiteto principal, ele não impôs um plano abrangente, zoneamento ou prédios públicos, somente ruas exigidas pelas próprias casas. Krier não impôs nenhum limite para a altura, somente para o número de andares, e deixou os habitantes livres para construírem como bem entendessem, respeitando somente a condição de que suas casas *combinassem* com as de seus vizinhos, utilizando materiais e detalhes que estivessem dentro de certa conformidade com a estética publicamente aceita, e definindo espaços públicos e ruas considerados pela população como seus espaços e ruas. O resultado é uma estética bem-sucedida que, justamente por isso, também se mostrou um sucesso ambiental: um espaço compacto, econômico em termos de espaço, com estradas estreitas mas que não ficam congestionadas, uma vez que não é preciso carro para chegar aos lugares, sejam lojas, pubs, escolas ou casas de amigos. O consumo de energia por pessoa é apenas uma fração daquele dos subúrbios americanos, e o crime não existe nas ruas autopoliciadas.

É desnecessário dizer que a esquerda odeia Poundbury: é muito cheia, muito certinha, uma marca clara da pompa aristocrática e da propriedade burguesa. Sua própria natureza de resolver os problemas de urbanização por meio de um consenso, bem como a ausência de um conselho socialista formado por cidadãos, munido de vastas somas de dinheiro prontas para serem empregadas em projetos de infraestrutura, casas populares e na ajuda aos criminosos, fez desse tipo de cidade um símbolo do pecado ambiental. Nem mesmo a relativa ausência de carros a salvou de condenação. O carro, um objeto de desdém aos olhos da esquerda e inclusive de hostilidade quando dirigido por funcionários de bancos, é um símbolo da emancipação e da igualdade quando conduzido pela classe trabalhadora. A ausência de automóveis nas ruas de Poundbury é, portanto, vista como a ausência do proletariado: tudo não passa de uma fantasia típica de cartão de Natal da classe média aposentada, uma fantasia que ignora e ofusca a necessidade de soluções reais e «sustentáveis» para os problemas modernos de habitação. É, no fim, exatamente o respeito depositado nos valores estéticos o que incomoda a esquerda: somente a antiestética dos modernistas e dos futuristas tem apelo na sua mente, uma vez que só tal estética pode ser conciliada com o ardente desejo dos movimentos de esquerda de todas as idades e temperamentos, que no caso consiste em derrubar todas as coisas, ou, não logrando esse objetivo, destruí-las por inteiro.

Contudo, olhe para as soluções que a esquerda, ao longo dos anos, admirou e você verá certamente a inconsistência de seu julgamento. Os grandes projetos residenciais, inspirados pela retórica socialista de gente como Gropius e Meyer, de fascistas como Le Corbusier, que invariavelmente envolviam a abertura de vastas áreas, tiveram de ser demolidos após vinte anos – que tipo de soluções ambientais amigáveis são essas? A ideia maluca de que as usinas de energia e outras instalações deveriam ser vistas como «bens públicos», a serem assegurados pelo Estado em termos ditados por este – não seria essa ideia fundamentalmente de esquerda a raiz de todos os nossos problemas ambientais? A abordagem de «bem público» para a energia e para a infraestrutura catalisou a dispersão insustentável das populações. Ela removeu das mãos das pessoas comuns a obrigação de se debruçar sobre seus problemas energéticos, de fazer com seus vizinhos o tipo de acordo que produziria soluções sustentáveis para os problemas reais. Transformou a energia em um problema *coletivo* enorme justamente por destruir o sentido de que ela é, para cada um de nós, uma escolha individual real e desafiadora.

Eis mais um exemplo do ponto a que quero chegar: a poluição luminosa. Certo, ela não pode ser considerada um desastre ambiental, ao menos não ainda. Tudo o que faz é consumir um monte de energia inútil, estragar o céu noturno, atrapalhar os padrões de migrações de pássaros e o ciclo de vida dos insetos, facilitar a vida dos ladrões na hora de escolher seus alvos e nos privar do mais belo espetáculo natural e fonte de fascinação e tranquilidade, sem o qual é menos provável que encontremos o sentido de estarmos vivos. Pequenas perdas, talvez. Mas essas perdas teriam ocorrido se a provisão de energia, de estradas, de serviços e de utilidades tivesse sido responsabilidade de cada pioneiro, e não do governo? A partir do momento em que essas coisas estão disponíveis por toda parte, a luz elétrica é acesa o tempo todo, despejada cruelmente e sem moderação nos olhos de Deus, somente para fazer valer sua própria contribuição para os desequilíbrios biológicos com que deparamos.

Como os conservadores deveriam se posicionar? Separar um pedaço da natureza e atribuí-lhe o status de parque nacional ajuda um pouco, mas não passa de uma solução temporária e passível de todos aqueles defeitos engendrados pelo Estado que já mencionei. O ponto que se deve ter sempre em mente é que a espoliação ocorre sobretudo por uma razão: os seres humanos lutam para externar o custo de tudo o que fazem. Quando não podem repassá-lo a seus vizinhos, passam para a geração seguinte. E o instrumento mais eficiente para externar o custo das ações individuais é o Estado. Sua natureza impessoal, administrativa e autojustificável faz dele um veículo perfeito para absorver os custos de minha ação agora e depositá-los sobre os desconhecidos que um dia terão de lidar com meus detritos. Em geral, portanto, quanto mais o Estado se mete em nossas transações, mais fácil é escapar do custo delas, e assim fica cada vez mais difícil consertar o estrago no meio ambiente no longo prazo. Há exceções a essa regra, mas elas não deveriam nos distrair da verdade principal. Nem da verdade complementar de que o jeito mais eficiente de garantir que as pessoas internalizem seus custos é assegurar que encontrem, tanto de fato quanto em sentimento, aqueles sobre quem suas ações recaem. Acordos em pequena escala entre vizinhos são autocorrigíveis, e os relapsos raramente conseguem sair ilesos de suas ações. Se as pessoas de uma vila são encarregadas de jogar fora seu próprio lixo, você pode ter certeza de que o farão da forma mais ecológica possível. Se um caminhão de lixo do Estado passa toda semana para coletá-lo, essa mesma gente vai se mostrar indiferente ao fato de que esse lixo pode estar sendo despejado de modo que polui um rio ou uma nascente.

Se quisermos encontrar soluções de longo prazo, precisamos encontrar as razões que fazem com que as pessoas vivam relações reais e recíprocas entre si, seja aqui e agora ou ao longo das gerações. Essas razões sempre foram centrais para o pensamento conservador, da mesma maneira que estiveram ausentes do pensamento da esquerda. Elas abrangem as duas disposições mentais a partir das quais o conservadorismo surgiu no século XVIII, que o distinguem de todas as suas cópias farsescas libertárias e cosmopolitas: o amor à beleza e o amor ao lar. De Burke e de Maistre a Oakshott e Kirk, os principais pensadores conservadores dedicaram muito de seu trabalho ao problema da estética, sabendo que a busca pela beleza não é somente uma questão de capricho, sem preocupações duradouras, mas, ao contrário, uma forma pela qual lutamos para moldar o mundo às nossas necessidades, e nossas necessidades ao mundo.

Talvez o erro mais persistente na estética seja aquele contido na sentença latina que diz *de gustibus non est disputandum* – gosto não se discute. Ao contrário, gosto é o que mais se discute, justamente porque é uma área da vida humana em que a disputa é tudo o que importa. Como defendeu Kant, nas questões de julgamento estético somos «perseguidores de acordos» com nossos companheiros; estamos sempre convidando o outro a partilhar de nossas preferências, ao mesmo tempo que expomos essas preferências a todo tipo de crítica. E, quando debatemos o ponto, não somente fincamos nosso julgamento com um mero «gosto disso» ou «acho que estou de acordo com isso»; vamos atrás de nossos horizontes morais para expor as considerações que podem servir de ajuda para a exposição de nosso julgamento. Consideremos os debates sobre o modernismo na arquitetura. Quando Le Corbusier apresentou sua solução para o problema de Paris, que era demolir a cidade e substituí-la por um parque todo cheio de torres de vidro espalhadas e passarelas flutuantes, com o proletariado ilhado em seus compartimentos, encorajados a vez ou outra dar uma descida e desfrutar de caminhadas revigorantes, ele estava expressando um julgamento de gosto. Mas ele não dizia apenas «gosto disso». Ele nos dizia que era daquele jeito que as coisas deveriam ser: ele estava transmitindo uma visão da vida humana e de sua plenitude e propondo formas que irradiavam a melhor e mais lúcida expressão disso. E foi porque o conselho municipal de Paris se rebelou devidamente contra essa visão, por motivos tanto morais quanto espirituais e puramente formais, que a estética de Le Corbusier foi rejeitada, e a cidade, salva.

Da mesma forma, quando discuto com meus amigos de esquerda sobre geradores eólicos holandeses e dinamarqueses – moinhos cujas faces vazias e espectrais começam a me encarar ao longo das florestas e dos campos ingleses –, não trocamos somente gostos e aversões, como se estivéssemos a debater sobre os méritos de um charuto cubano ou dominicano. Discutimos a transformação visual do interior, a disrupção, da forma como vejo, de uma experiência de lar há muito estabelecida, o significado disso na vida do fazendeiro, bem como a presença, da maneira como meus amigos de esquerda veem, dos verdadeiros símbolos da vida moderna, que agora se erguem no horizonte do mundo dele, acordando-o para a realidade que vinha evitando havia muito tempo. Ao discutir gostos dessa maneira, não estamos *somente* brigando por um acordo. Estamos trabalhando com vistas a uma solução consensual de problemas de assentamento no longo prazo, estamos descobrindo os termos mediante os quais podemos viver lado a lado em um ambiente compartilhado, e como esse ambiente deveria parecer para que pudéssemos nos enraizar nele. Concebido dessa forma, o julgamento estético é a maneira primária de racionalizar o ambiente, e a maneira como os seres humanos incorporam em suas decisões presentes o impacto ambiental no longo prazo daquilo que eles fazem.

Sempre foi normal para os seres humanos, ao longo da história, encontrar uma pilha de restos no canto de uma rua repugnante: por isso a abordagem-padrão sempre foi enterrar o lixo fora do campo de visão – um exemplo perfeito de solução estética consensual que acaba protegendo o meio ambiente. O mesmo ocorre com o nojo em relação à sujeira espalhada, e é a motivação que fará com que surja uma solução consensual contra as embalagens não biodegradáveis – pois já incorpóra uma visão no longo prazo da inconveniência moral e espiritual relacionada a esse tipo de desperdício. E o desastre ecológico das cidades americanas origina-se inteiramente do fato de que – em certa medida – os princípios estéticos foram abandonados, bairros foram demolidos e reconstruídos por pessoas que nem viviam neles nem sabiam como eram, e certos tipos de construções foram adotados por motivos que nunca foram submetidos ao agrado estético. O negócio da construção da cidade ficou livre dos constrangimentos do julgamento estético e rendido à loucura utilitarista dos burocratas.

Esquerdistas são, no geral, hostis às soluções estéticas, desmerecendo-as como cômodas, confortáveis ou até mesmo cafonas. Eles fazem campanha contra a revitalização clássica da arquitetura, chamando-a de «pastiche», e contra o Novo Urbanismo de pessoas como Krier. Veem os movimentos conservadores do campo como uma obra de gente privilegiada tentando monopolizar as visões de suas janelas. Às vezes seus argumentos não estão errados, mas sua hostilidade ao julgamento estético vai além de argumentos que ocasionalmente justificam a verdade. Soluções consensuais, como a dos velhos livros de referência da arquitetura vernacular, que possibilitaram que as pessoas acomodassem suas casas em ruas comunitárias, bem como construíssem lado a lado sem ofender o vizinho, tipificam a abordagem conservadora em relação à sociedade. Tais soluções consensuais tomam a forma de tradições, convenções, formas tranquilas de aceitar a propriedade dos outros e erigir causas comuns com os vizinhos. Elas não são ameaçadoras já em seu fundamento e não contêm admoestações puritanas que agradam à esquerda, cujo desejo básico é *provocar as pessoas*, solapar a complacência, surgir nas janelas tranquilas como se fosse a visão do apocalipse. A razão pela qual os movimentos ambientalistas foram dominados pela esquerda é que eles se prestam a essa ambição. Ela proporciona cenários tão aterradores que parecem justificar por completo a derrubada da ordem vigente, ao mesmo tempo que encoraja o tipo de controle do alto, que coloca invariavelmente uma pessoa de esquerda iluminada no comando da classe média alienada. Mas pode ser que a classe média, com sua penosa adesão às normas estéticas, sempre tenha tido a solução para o problema do meio ambiente, e ela foi, na verdade, o crescimento do Estado moderno, com seus esquemas arrogantes e sua incompetência para responder às suas próprias falhas grotescas, que estão ameaçando nosso futuro.

Isso me traz à segunda razão para o surgimento do conservadorismo, que é o amor pelo lar. Esse também é um anátema para a esquerda. Todas as tentativas de associar o amor ao lar dentro de um tipo de ordem política ferem o desapego cosmopolita do intelectual de esquerda. E o que é pior: alegam que elas não passam de nacionalismo, xenofobia, distinções fundamentais entre «nós» e «eles», que são o efeito natural do assentamento e fazem com que pessoas pensem e ajam da forma horrenda que a esquerda tanto desaprova. É graças ao amor pelo lar que as pessoas defendem o país contra os inimigos internos (o macarthismo); que fazem campanha contra os imigrantes ilegais (xenofobia); que resistem ao multiculturalismo (racismo) e insistem em educar seus filhos dentro de sua fé ancestral (fundamentalismo cristão). Todos os hábitos lamentáveis da classe média americana podem ser vistos como expressão desse único instinto e estão sob ataque justamente por esse motivo.

Contudo, é o amor ao lar que proporciona a razão mais forte em que o movimento ambientalista pode se apoiar – mais forte ainda do que o de julgamento estético.

Penso que os esquerdistas, ao longo dos anos, tornaram-se conscientes da maior das fraquezas de sua filosofia: a de que o cidadão comum não tem a menor motivação para segui-la. Ele pode até ter raiva da pessoa que roubou seu emprego, mas isso não faz dele um ativista da «justiça social»; pode até ter interesse em contribuir com as instalações esportivas da escola local, mas isso não quer dizer que queira que o Estado doutrine as crianças. No geral, suas motivações são as que o conservadorismo supõe que sejam: o amor pela família e pelo lar, e um desejo de ser dar bem com o vizinho. Esse amor pelo lar se espalha, abarcando seu país, seus costumes e sua bandeira; é essa ramificação do instinto de lar que vai fazê-lo despertar, quando acionado, para a causa ambientalista. Justamente porque o conservadorismo, em sua forma política, é a defesa sistemática da nação e de seu futuro, que o ambientalismo é uma causa conservadora.

Muitos ambientalistas reconhecerão que as lealdades locais, bem como as preocupações locais, merecem um lugar apropriado em nossas decisões se realmente estamos querendo enfrentar os efeitos adversos da economia global. No entanto, tenderão a relutar com a sugestão de que a lealdade local deveria ser vista em termos nacionais em vez de comunitários. Entretanto, há uma ótima razão para enfatizar a nacionalidade. Isso porque as nações nada mais são além de comunidades com um formato político.

Elas têm uma predisposição a afirmar sua soberania, traduzindo o sentimento comum de pertencimento em decisões coletivas e leis autoimpostas. A nacionalidade é uma forma de apego territorial, mas também é um arranjo protolegislativo. É desenvolvendo essa ideia de sentimento territorial que se extraem as sementes da soberania em si mesmas, e é aí que os conservadores podem realizar sua contribuição distintiva para o pensamento ecológico.

Mais do que retificar os problemas sociais e ambientais em escala global, os conservadores buscam controles locais, bem como uma reafirmação da soberania local sobre ambientes conhecidos. Isso significa afirmar o direito das nações de se autogovernar, assim como de adotar as políticas que vão se coadunar com as lealdades e os sentimentos de orgulho nacional. O apego ao território e o desejo de protegê-lo da erosão e do desperdício se mantêm como motivações poderosas, e uma motivação que engendra supostamente diversos sacrifícios alardeados de boca cheia por todos os políticos. Essa é uma motivação simples e poderosa, do amor que sentimos pelo nosso lar.

Pegue o exemplo do Reino Unido. Nosso meio ambiente vem sendo motivo de preocupação política há um bom tempo. Paisagem, agricultura e clima se tornaram ícones em nossa arte e literatura e fundamentais para nosso sentimento de identidade nacional. As leis de planejamento, imigração e transportes refletiam tudo isso até pouco tempo atrás. No entanto, também sabemos que nosso país está superpovoado, seu meio ambiente está sendo erodido por uma urbanização crescente, pelo intenso tráfego de pessoas e pelo desperdício não biodegradável, que sua agricultura está ameaçada pelos decretos da União Europeia e que – muito devido à recente emergência da imigração – nossa população está crescendo para além de sua capacidade de absorver custos ambientais. Sentimentos de lealdade nacional podem ser conclamados para conquistar apoio para políticas que visem controlar esses efeitos entrópicos, as quais poderiam refletir o velho objetivo conservador de uma unidade autorreprodutiva e autônoma. Nesse nível local, nacional, políticas ambientais coerentes e políticas conservadoras coerentes parecem estar em consonância.

É somente nesse nível que acredito que seja realista a esperança de melhora, pois não há evidências de que as instituições políticas globais tenham feito alguma coisa boa para limitar a entropia global – muito pelo contrário, pois, ao encorajar a comunicação ao redor do mundo, ao erodir a soberania nacional e as barreiras legislativas, elas acabaram por alimentar essa entropia global e enfraquecer a única fonte verdadeira de resistência. Conheço muitos ambientalistas que parecem concordar comigo que a Organização Mundial do Comércio é agora uma ameaça ao meio ambiente, não somente por solapar as economias camponesas autossustentáveis e autorreprodutivas, mas também por erodir a soberania nacional sempre que proporciona um obstáculo no caminho do investimento das multinacionais. Muitos parecem concordar comigo que as comunidades tradicionais merecem proteção contra a mudança repentina e engendrada no exterior, não somente em virtude de suas economias sustentáveis, mas também por causa de seus valores e das lealdades que constituem a soma de seu capital social. O curioso é que poucos ambientalistas seguem a lógica desse argumento até sua conclusão e reconhecem que nós também merecemos proteção contra a entropia global; que também temos de manter nossa soberania nacional como nosso maior ativo político em face de tudo isso; e que também temos de manter o que for possível das lealdades que nos conectam ao nosso território para fazer dele nosso lar. Não obstante, até hoje as tentativas bem-sucedidas de reverter essa maré de destruição ecológica que vimos vieram de esquemas nacionais ou locais, no intuito de proteger um território reconhecido como sendo «nosso» e definido, em outras palavras, por meio de um título herdado.

Que esperança temos de que os políticos conservadores ouçam esse argumento e tomem *para si* a causa do ambientalismo, deixando de enxergá-la como de seus oponentes? Entre as expressões frágeis e tímidas de opinião política que definem o Partido Conservador britânico, alguns comentários vagos e apologéticos, se interpretados gentilmente, podem ser vistos como confirmação provisória da agenda ambientalista. Nos Estados Unidos, porém, o Partido Republicano segue com sua retórica inflamada em defesa da construção de estradas, do consumo de petróleo e de projetos grandiosos. Enquanto se recusa a subsidiar o Amtrak ou a reviver a maravilhosa malha ferroviária, subsidia estradas e companhias aéreas. Em vez de colocar-se contra a indústria da energia e seus grandes projetos de suburbanização do continente, reforça o abuso cada vez maior do direito do domínio eminente de enviar linhas elétricas, estradas e pontes para todo lugar que ainda não foi atropelado por essa loucura. Ele nunca respondeu aos argumentos de Jane Jacobs em *Morte e vida de grandes cidades*, ou aos de James Kunstler em *The Geography of Nowhere*; nunca fez nada para endossar a genuína estética americana que daria apoio ao Novo Urbanismo e seus simpatizantes. Sua resposta ao crescente problema das embalagens não degradáveis é o silêncio absoluto, e seus líderes parecem estar bem felizes com uma economia que toda semana importa milhões de toneladas de plástico da China em troca do único produto degradável genuinamente americano, que é o dólar.

Quem devemos culpar por tudo isso? Alguns apontam para os filósofos do livre mercado, dizendo que sua filosofia protege as grandes empresas, não importa de que área. Isso, a meu ver, é um erro. O livre mercado, como defendido por Mises e Hayek, é simplesmente um exemplo do tipo de solução de problemas consensual que venho defendendo neste artigo. O argumento burkiano em prol de uma parceria entre gerações vai na mesma linha, pedindo para reconhecermos que as soluções consensuais podem exigir por vezes que consultemos os interesses daqueles que estão por nascer e daqueles que já morreram. O que deu errado, parece-me, não foi o apego dos conservadores pelo mercado, mas sua falha em não ver o que uma verdadeira solução de mercado exige, ou seja, a retirada do Estado e de seus projetos de cada decisão em que objetivos locais e lealdades estão em jogo. Certamente já é tempo de os políticos conservadores reconhecerem que, com questões realmente grandiosas, é preciso pensar pequeno.

Defender o Ocidente

Não acho que vamos compreender o confronto entre o Ocidente e o islã radical se não reconhecermos a enorme mudança *cultural* que ocorreu na Europa e nos Estados Unidos desde o fim da guerra do Vietnã. Os cidadãos dos Estados ocidentais perderam o apetite por guerras estrangeiras; perderam a esperança de triunfar de uma maneira que não seja somente temporária; perderam a confiança em seu estilo de vida e, a bem da verdade, nem sabem mais o que a vida exige deles.

Ao mesmo tempo, seu povo vem confrontando um novo oponente, que acredita que o estilo de vida do Ocidente é profundamente errado, sendo inclusive uma ofensa a Deus. Em um «momento de abstinência mental», as sociedades do Ocidente permitiram que esse oponente se misturasse em seu meio, algumas vezes, como na França, no Reino Unido e na Holanda, em guetos que sustentam relações tênues e amplamente antagonistas com a ordem política ao redor. E tanto nos Estados Unidos quanto na Europa vem surgindo um crescente desejo de apaziguamento: um hábito de contrição pública, uma aceitação, ainda que com o coração pesado, dos éditos reprovadores dos mulás e uma escalada no repúdio oficial de nossa herança cultural e religiosa. Há vinte anos teria sido inconcebível que o arcebispo de Canterbury desse uma palestra advogando a favor da incorporação da *shari'ah* no sistema legal inglês. Hoje muita gente considera isso um ponto discutível, e talvez o próximo passo em direção a um compromisso de paz.

Tudo isso me sugere que nós no Ocidente passaremos por um período perigoso de apaziguamento, em que as reivindicações legítimas de nossa própria cultura e herança serão ignoradas ou minimizadas, na tentativa de provar nossas intenções pacíficas. Levará tempo até que a verdade possa desempenhar seu importante papel de retificar nossos erros atuais e preparar o caminho para o próximo. Isso significa que é mais que necessário para nós ensaiar a verdade, a fim de chegarmos a um entendimento claro e objetivo do que está em jogo. Portanto, irei detalhar alguns pontos críticos da herança ocidental que deveriam ser compreendidos e defendidos nesse confronto atual. Cada um desses pontos marca um ponto de contraste e possivelmente de conflito com a visão islâmica tradicional de sociedade. E cada um deles desempenhou um papel vital na criação do mundo moderno. A beligerância islâmica vem de um profundo sentimento de não encontrar um lugar seguro no mundo, e assim ela se volta para preceitos e valores que não condizem com o estilo de vida do Ocidente. Isso não significa que devamos renunciar ou repudiar os traços distintivos de nossa civilização, como muitos gostariam que fizéssemos. Significa que deveríamos estar alertas em sua defesa.

O primeiro dos traços que tenho em mente é a cidadania. É consenso entre os ocidentais que a lei se faz legítima pelo consentimento daqueles que devem obedecer-lhe. Esse consenso é atingido por um processo político em que cada um participa da elaboração e da implementação da lei. O direito e o dever da participação é o que chamamos de «cidadania», e a distinção entre as comunidades políticas e religiosas pode ser resumida na visão de que as comunidades políticas são compostas de cidadãos, e as religiosas, de sujeitos – aqueles que se «submeteram» (que é o significado primário da palavra *islām*). E, se quisermos uma simples definição do Ocidente como é hoje, seria razoável pegar o conceito de cidadania como ponto inicial. É disto que milhões de imigrantes que erram pelo mundo estão em busca: uma ordem que confira segurança e liberdade em troca de consentimento.

As sociedades tradicionais islâmicas veem a lei como um sistema de comandos e recomendações ditados por Deus. Esses éditos não são passíveis de emendas, ainda que sua aplicação em casos particulares possa envolver argumento jurisprudencial. A lei, da forma como o islã a enxerga, é uma demanda por nossa obediência. E seu autor é Deus. Em certa medida, é o oposto da concepção de lei que herdamos como ideia de cidadania. A lei para nós é a garantia de nossas liberdades. Ela não é feita por Deus, mas pelo homem, seguindo o instinto de justiça inerente à condição humana. Não é um sistema de comandos divinos, mas vestígios de acordos humanos.

Isso é particularmente visível aos cidadãos britânicos e americanos, que desfrutaram do inestimável benefício da *common law* – um sistema que não foi imposto por um poder soberano, construído pelas cortes na tentativa de fazer justiça nos conflitos individuais. A nossa lei é um sistema «de baixo para cima», que coloca a soberania no mesmo patamar dos cidadãos – ou seja, insistindo que a justiça, e não o poder, prevalecerá. Por isso tem sido evidente, desde a Idade Média, que a lei, ainda que dependa do soberano para ser imposta, poderá depô-lo se ele tentar desafiá-la.

À medida que nossa justiça foi se desenvolvendo, ela permitiu a privatização da religião, bem como de várias áreas da moralidade. Para nós, não é somente um absurdo, mas também opressivo, que haja uma lei que puna o adultério. Desaprovamos o adultério, mas também pensamos que não cabe à lei punir alguém por pecar. Na *shari'ah*, contudo, não há distinção entre moralidade e lei: ambas vêm de Deus e devem ser impostas pelas autoridades religiosas, em obediência à vontade revelada do Criador. Em alguma medida, a severidade disso é mitigada pela tradição que permite recomendações, bem como obrigações, como regras das Lei Divina. Entretanto, não há ainda um escopo na *shari'ah* que contemple a privatização dos aspectos morais, menos ainda religiosos, da vida.

É claro, muitos muçulmanos não vivem sob a lei da *shari'ah* – apenas em alguns lugares, como Arábia Saudita e Afeganistão, por exemplo, tentou-se implantá-la. Em outros lugares verifica-se a adoção de códigos de lei civil e criminal ocidentais, seguindo uma tradição que começou no século XIX com os otomanos. Contudo, esse reconhecimento das tradições ocidentais por alguns Estados islâmicos tem seus perigos: ele inevitavelmente faz pensar que a lei das forças seculares não é uma lei de verdade; que não existe uma autoridade real e é até mesmo um caso de blasfêmia, como defendeu Sayyid Qutb, antigo líder da Irmandade Muçulmana em seu trabalho seminal *Milestones*. A rebelião contra as forças laicas é fácil de ser justificada, uma vez que suas leis são vistas como usurpadoras da autoridade soberana de Deus.

Desde suas origens, o islã vem encontrando dificuldades em aceitar que queremos para nós qualquer outra lei, ou qualquer outra soberania, que não seja aquela revelada no Alcorão; por isso o grande cisma entre os xiitas e os sunitas a respeito do caso da sucessão legítima. Do ponto de vista do governo secular, questões acerca da legitimidade da sucessão são resolvidas pela mesma constituição que governa as operações diárias da lei: em última instância, elas são um assunto de acordo humano. Porém uma comunidade que acredita ser governada por Deus, em termos veiculados por seu mensageiro, tem um grande problema sobre o qual se debruçar quando esse mensageiro morre: quem assume, e como? O fato de que os governantes nas comunidades islâmicas possuem uma tendência maior que a média de ser assassinados não está desconectado dessa questão. Os sultões de Istambul cercavam-se de guardas da casa dos janízaros, escolhidos entre seus subalternos cristãos, justamente porque não podiam confiar em nenhum muçulmano, com medo de que se sentissem compelidos a consertar um erro de sucessão matando o governante. O próprio Alcorão fala sobre esse ponto, em 3,64, dirigindo-se a judeus e cristãos com o comando de não aceitar nenhuma divindade além do Deus único e nenhum senhor (*ārbābān*) entre si.

Cidadania e lei secular andam de mãos dadas. Somos todos participantes no processo de elaboração da lei: por isso podemos nos ver como cidadãos livres, cujos direitos devem ser respeitados e cuja vida privada é assunto de cada um. E foi isso que tornou possível a privatização da religião nas sociedades ocidentais e o desenvolvimento de ordens políticas nas quais os deveres dos cidadãos precedem os escrúpulos religiosos. *Como* isso é possível é uma questão política profunda e difícil; *que* isso seja possível é um fato de que a civilização ocidental é testemunha incontroversa.

Isso me leva ao segundo traço que identifico como central para a civilização europeia: a nacionalidade. Nenhuma ordem política pode atingir a estabilidade se ela não consegue invocar uma lealdade compartilhada, uma «primeira pessoa do plural» que diferencie aqueles que compartilham os benefícios e os fardos da cidadania dos que estão fora da equação. Em tempos de guerra, a necessidade disso é autoevidente, mas ela também se faz necessária em tempos de paz, se as pessoas realmente quiserem tratar sua cidadania como definidora de suas obrigações públicas. A lealdade nacional marginaliza lealdades de família, tribo e fé, colocando perante os olhos do cidadão, como o foco de seu sentimento patriótico, não uma pessoa ou grupo, mas um país. Esse país é definido por um território e pela história, cultura e lei que fizeram com que essa área fosse *nossa*. A nacionalidade é composta da terra e da narrativa de sua posse.

É essa forma de lealdade territorial que, nas democracias ocidentais, possibilitou às pessoas viverem lado a lado, respeitando os direitos individuais dos cidadãos a despeito de diferenças radicais de fé, sem laços familiares, de afinidade ou costume local no longo prazo que sustentem a solidariedade. Lealdade nacional não é vista do mesmo modo em todo lugar do mundo. E não é conhecida em nenhum lugar onde os islâmicos se enraizaram. Pensemos na Somália. As pessoas às vezes se referem a ela como um «Estado falido», uma vez que não possui um governo central capaz de tomar decisões em nome do povo como um todo, nem de impor nenhum tipo de ordem legal. Entretanto, o verdadeiro problema é que se trata de uma nação falida. Ela nunca desenvolveu o tipo de lealdade secular, territorial e voltada para a lei que faz com que seja possível moldar-se como Estado-nação, em contraposição a um agregado de tribos ou famílias competindo entre si.

O mesmo vale para muitos outros lugares onde os islâmicos se assentaram: mesmo que funcionem como Estados, como o Paquistão, são em sua maioria falidos como nação. Não conseguiram gerar o tipo de lealdade territorial que faz com que povos de diferentes fés, afinidades e tribos convivam em paz, bem como lutem lado a lado em nome de uma pátria comum. E sua história recente pode levar a nos perguntarmos se não há, no fim das contas, um profundo conflito entre as concepções muçulmanas de comunidade e as concepções que alimentam nossa ideia de governo nacional. Talvez o Estado-nação seja uma ideia anti-islâmica.

Essa observação é pertinente ao Oriente Médio hoje, região onde encontramos resquícios de um grande Império islâmico dividido em estados nacionais. Com algumas exceções, essa divisão é fruto de fronteiras traçadas no mapa pelas potências ocidentais, em especial pelo Reino Unido e pela França, como resultado do acordo Sykes-Picot, de 1917. Não é de estranhar que o Iraque, por exemplo, tenha tido uma história tão conturbada como Estado-nação, visto que foi somente de forma esporádica um Estado, e nunca uma nação. Pode até ser que um dia curdos, árabes sunitas e xiitas vejam-se como iraquianos. Mas essa identidade será frágil e fragmentária, e em qualquer conflito os três grupos irão se identificar em oposição uns aos outros. De fato, parece que somente os curdos têm uma identidade *nacional* desenvolvida, e oposta àquela do Estado no qual estão inseridos. Quanto aos xiitas, sua primeira lealdade é religiosa. Eles enxergam o Irã, pátria do xiismo, como o modelo a ser seguido em tempos turbulentos. No conflito atual com o Estado Islâmico, são os xiitas iraquianos e seus correligionários iranianos e libaneses que estão na linha de frente.

Nem todos os Estados-nações erigidos após a dissolução do Império Otomano são arbitrários como o Iraque. A Turquia, que herdou o grosso do Império, foi bem-sucedida em se reconstruir como um genuíno Estado-nação – ainda que não tenham faltado expulsões e massacres no arsenal usado contra as minorias não turcas. O Líbano e o Egito desfrutavam de um tipo de identidade quase nacional sob a proteção do Ocidente desde o século XIX. E, evidentemente, Israel estabeleceu uma forma de governo nacional bem voltada para os moldes do Ocidente, em um território em disputa justamente por essa razão. Porém esses exemplos não servem para afastar a suspeita de que o islã não vê com bons olhos a ideia de lealdades nacionais, muito menos a de que, em tempos de crise, a fidelidade em última instância deve ser direcionada ao Estado, e não à religião.

Considere a Turquia. Atatürk criou o Estado turco impondo uma constituição secular, adotando um sistema legal secular baseado nos modelos belgas e franceses, proibindo vestimentas islâmicas, expulsando os «*ulema*» do serviço público, proibindo a poligamia, retirando palavras árabes do turco e adotando o alfabeto latino, a fim de separar a língua de suas origens culturais. O conflito entre o Estado secular e o islã foi, portanto, varrido para debaixo do tapete, e durante um bom tempo parecia que um compromisso estável havia sido atingido. Agora, no entanto, o conflito está em erupção novamente. Houve uma tentativa dos secularistas de proibir o governo do Partido Islâmico, vencedores recentes em uma eleição esmagadora, e também uma tentativa do governo de acusar os líderes secularistas em um tribunal terrorista de legalidade dúbia.

O Líbano deve muito de seu status excepcional à sua outrora majoritária população cristã, bem como à aliança de longa data dos maronitas e dos drusos contra o sultão otomano; sua fragilidade atual deve-se muito ao Hezbollah, que se aliou com o Irã e com a Síria e não aceita render sua lealdade ao Estado libanês. O Egito sobreviveu como um Estado-nação somente mediante medidas radicais tomadas contra a Irmandade Muçulmana, e apenas por se apoiar em uma herança legal e política que seria provavelmente rejeitada pela população muçulmana (ainda que não pelos coptas) em qualquer eleição livre. Já Israel vem sendo condenado por seus vizinhos a viver em um estado de sítio permanente.

Isso me traz ao terceiro traço da civilização ocidental: o cristianismo. Não tenho a menor dúvida de que foi o domínio cristão da Europa que possibilitou o surgimento de uma lealdade nacional, uma lealdade acima da fé e da família, sobre a qual uma jurisdição secular e uma ordem de cidadania podem ser encontradas. Pode soar paradoxal identificar uma religião como a força principal por trás do desenvolvimento do Estado secular. Porém devemos lembrar as circunstâncias peculiares nas quais o cristianismo emergiu. Os judeus eram uma comunidade fechada, ligada por uma estreita rede de legalismos religiosos, mas governados por Roma com uma lei que não fazia nenhuma referência a nenhum Deus e que oferecia um ideal de cidadania ao qual todo sujeito do Império podia aspirar.

Jesus Cristo viu-se em conflito com o legalismo de seus companheiros judeus, e em ampla simpatia com a ideia de um governo secular – por isso sua famosa frase da parábola do dinheiro dos tributos: «Dai a César

o que é de César e a Deus o que é de Deus».
A fé cristã foi moldada por São Paulo para
o uso de comunidades dentro do Império
Romano, as quais queriam somente espaço
para celebrar seus rituais e não tinham nenhuma intenção de desafiar os poderes seculares. Essa ideia de lealdade dual continuou
até depois de Constantino, sendo endossada
pelo papa Gelásio I no século VI, em sua
doutrina das duas espadas dadas à humanidade para seu governo: uma que guarda
o corpo político e outra que protege a alma
individual. É esse profundo endosso da lei
secular pela Igreja em seus primórdios que
foi responsável pelos desenvolvimentos sub-
sequentes na Europa – desde a Reforma e o
Iluminismo até o advento da lei puramente
territorial que prevalece no Ocidente hoje.

Durante os primeiros séculos do islã, os
filósofos tentaram desenvolver uma teoria
de um Estado perfeito. Contudo, a religião
estava sempre no centro; Al-Farabi inclusive tentou adaptar o argumento de Platão
em *A república*, no caso com o Profeta como
o rei-filósofo. Quando enfim a discussão
terminou, já na época de Ibn Taymiyya,
no século XIV, estava claro que o islã havia
voltado as costas ao governo secular e portanto seria incapaz de desenvolver qualquer
coisa remotamente classificável como nacional em oposição a uma forma de lealdade
religiosa. O mais importante defensor do
nacionalismo árabe em tempos recentes,
Michel Aflaq, não era muçulmano, mas
grego ortodoxo, nascido na Síria, educado

na França e morto no Iraque, desiludido com o partido Ba'ath, que havia ajudado a fundar. Se lealdades nacionais emergiram nos últimos tempos isso se deu a despeito do islã, não por causa dele. E elas parecem particularmente frágeis e fragmentárias, como vimos no caso da Palestina em sua tentativa de costurar uma coesão nacional, bem como na história conturbada do Paquistão.

O cristianismo é algumas vezes descrito como uma síntese da metafísica judaica com as ideias gregas de liberdade política. Não há dúvida quanto a isso – o que não é de surpreender, dado o contexto histórico de sua gestação. Talvez seja a contribuição grega a responsável pelo quarto traço que acredito ser digno de ênfase, uma vez que está em conflito direto com o islã: a ironia. Já havia uma tendência ao desenvolvimento da ironia na Bíblia judaica, ecoada pelo Talmude. No entanto, há um novo tipo de ironia nos julgamentos de Jesus e em suas parábolas, que visa o leque de desvarios humanos e mostra, de maneira algo irônica, como viver em meio deles. Um exemplo marcante disso é o veredito no caso da mulher acusada de adultério: «Aquele que nunca pecou que atire a primeira pedra». Em outras palavras: «Esqueça. Você também não queria ter feito o que ela fez? E será que já não o fez, bem lá no fundo de seu coração?». Foi sugerido que essa história é uma inserção *a posteriori* – uma das muitas selecionadas pelos primeiros cristãos, provenientes do repertório da sabedoria herdada e atribuída ao Redentor após sua morte. Mesmo que isso seja verdade, só confirma a visão de que a religião cristã fez da ironia um ponto fulcral de sua mensagem. Essa ironia também é compartilhada pelos grandes poetas sufi, especialmente por Rumi e Hafiz. Porém, infelizmente, parece ser amplamente desconhecida pelas versões do islã que moldam as almas dos islâmicos: sua religião se recusa a ver-se de fora e, por isso, não suporta a crítica e muito menos aceita ser motivo de riso – algo que testemunhamos de forma abundante em tempos recentes.

De fato, não há exemplo mais claro disso do que a questão que exigiu o julgamento irônico de Cristo mencionado anteriormente. Não somente apedrejar até a morte é oficialmente permitido em muitas partes do mundo islâmico como forma de punição por adultério; em muitas comunidades islâmicas, mulheres são tratadas como prostitutas tão logo saem da linha desenhada para elas pelos homens. O sexo, que não pode ser normalmente discutido sem certa pitada de ironia, tornou-se, portanto, um assunto delicado entre os muçulmanos, sempre que confrontados, como inevitavelmente são, pelas frouxidões morais e confusões libidinosas do Ocidente. Os mulás são incapazes de pensar nas mulheres como seres sexuais, e incapazes de pensar por muito tempo sobre qualquer outro assunto. Consequentemente, uma enorme tensão se desenvolveu nas comunidades muçulmanas das cidades ocidentais, onde os jovens acabam desfrutando da liberdade que os circunda, ao passo que as jovens se escondem, sendo muitas vezes aterrorizadas quando ousam aproveitar o mínimo dessa liberdade.

A ironia foi vista por Richard Rorty, já no ocaso de sua vida, como um estado mental intimamente conectado com a visão de mundo pós-moderna – uma suspensão de julgamento que, não obstante, almeja certo tipo de consenso, um acordo compartilhado de não julgar.[1] Parece-me, entretanto, que a ironia, apesar de infectar nosso estado mental, é mais compreendida como uma virtude – uma disposição direcionada a um tipo de plenitude prática e de sucesso moral. Se tivesse de arriscar uma definição de tal virtude, eu a descreveria como um hábito de reconhecer a alteridade em tudo, incluindo em si mesmo. Não interessa o quanto está convencido da perfeição de suas ações e da verdade de suas opiniões – é preciso olhar para elas como se fossem ações e verdades de outro, e reformulá-las de consequência. Por definição, a ironia é bem diferente do sarcasmo: é um modo de aceitação, mais que de rejeição. E ela aponta para os dois lados: por meio da ironia aprendo a aceitar tanto o outro para o qual volto meu olhar quanto a mim mesmo, aquele que está a olhar. A ironia não está livre de julgamento:

---

1 Richard Rorty, *Contingência, ironia, solidariedade*. São Paulo: Martins Fontes, 2007.

ela simplesmente reconhece que aquele que julga também é julgado, e é julgado por ele mesmo.

E isso me traz ao quinto traço da civilização ocidental que está em jogo no confronto atual: a autocrítica. É próprio da nossa natureza permitir a voz do oponente sempre que afirmamos algo. O método adversário da deliberação é endossado por nossa lei, por nossa educação e pelos sistemas políticos que construímos para garantir nossos interesses e resolver nossos conflitos. Pense naqueles críticos renhidos da civilização ocidental, como Edward Saïd e o onipresente Noam Chomsky. Saïd, por exemplo, vociferou em termos intransigentes e por vezes venenosos em nome do mundo islâmico contra a perspectiva residual, como ele a vê, do imperialismo ocidental. O que aconteceu com ele? Assumiu uma cadeira de prestígio em uma universidade importante e teve inúmeras oportunidades de falar em público nos Estados Unidos e pelo mundo ocidental, assim como Chomsky. Esse hábito de recompensar nossos críticos, penso eu, é exclusivo da civilização ocidental, e o único porém é que, nas universidades americanas, as coisas foram tão longe que não há recompensa para mais ninguém. Os prêmios são distribuídos para a esquerda, pois isso alimenta a ilusão reinante de que a autocrítica vai nos trazer segurança e de que todas as ameaças vêm de nós mesmos e do desejo de defender o que temos.

Há outro traço da civilização ocidental que nasce do hábito da autocrítica: a representação. Nós, do Ocidente – e isso fica ainda mais evidente nos países de língua inglesa –, somos herdeiros do hábito de longa data da livre associação, que consiste em nos unirmos em clubes, negócios, grupos de pressão e fundações educacionais. Essa veia associativa foi reverenciada particularmente por Tocqueville em suas jornadas pelos Estados Unidos, e é facilitada pela *common law* inglesa – igualdade e o contrato de fidúcia –, que possibilita que as pessoas montem fundos em comum e os administrem sem pedir permissão a nenhuma autoridade maior.

Esse hábito associativo caminha junto com a tradição de representação. Quando formamos um clube ou uma sociedade que têm um perfil público estamos exercitando o hábito de indicar representantes. As decisões desses representantes são então consideradas em relação a todos os membros, e não podem ser rejeitadas sem que haja a expulsão do grupo. Dessa forma, um único indivíduo pode estar apto a falar em nome de um grupo, e, ao fazê-lo, obriga todos a aceitar as decisões que venha a tomar em seu nome. Não vemos nada de estranho nisso, e assim se deu em nossas instituições políticas, educacionais, econômicas e de entretenimento, ou seja, de tantas formas distintas que seria bobagem enumerá-las. Assim também se deu nas instituições religiosas, tanto de cunho católico quanto protestante. De fato, foi entre os teólogos protestantes do século XIX que a teoria da corporação como ideia moral foi desenvolvida de maneira integral pela primeira vez. Sabemos que a hierarquia da nossa Igreja, seja ela batista, episcopal ou católica, é dotada de poder decisório para deliberar em nosso nome e pode dialogar com instituições em outras partes do mundo no intuito de garantir um espaço importante para a prática de nossa fé.

As associações tomam uma forma bem diferente nas sociedades islâmicas tradicionais. Clubes e sociedades compostos de estranhos são raros, sendo que a unidade social primordial não é a associação, mas a família. As empresas nunca desfrutaram de um aparato legal sob a lei islâmica, e, de acordo com Malise Ruthven e outros, o conceito de pessoa jurídica não possui nenhum equivalente em suas leis.[2] Instituições de caridade são organizadas de maneira totalmente distinta – não propriamente sob a confiança de um beneficiário, mas como uma propriedade que foi «bloqueada» (*waqf*); e todas as entidades públicas, como escolas e hospitais, são vistas como auxiliares da mesquita e administradas de acordo com princípios religiosos. Enquanto isso, a própria mesquita não é uma pessoa jurídica, tampouco há uma entidade que podemos chamar de Mesquita, como a Igreja – uma entidade cujas decisões são atreladas a seus

---

2   Malise Ruthven, *Islam in the World*.

membros, que podem negociar em nome dos fiéis, que por sua vez podem ser responsabilizados por seus crimes e abusos.

Como resultado dessa tradição tão longeva de associação apenas sob a égide da mesquita ou da família, as comunidades islâmicas não têm o conceito de porta-voz.[3] Quando há conflitos sérios entre as minorias muçulmanas e a comunidade ao redor em nossas cidades, torna-se difícil, para não dizer impossível, negociar, uma vez que não há quem fale pelo lado muçulmano ou que assuma responsabilidade por impor alguma decisão. Se, por acaso, alguém se apresenta, os outros membros da comunidade islâmica sentem-se livres para aceitar ou rejeitar suas decisões por mera vontade pessoal. O mesmo problema ocorre no Afeganistão, no Paquistão e em outros lugares com populações muçulmanas radicais. Quando alguém dá um passo à frente para falar em nome de um grupo dissidente, frequentemente isso ocorre como fruto de iniciativa própria e, portanto, sem que nenhum procedimento valide seu ofício. E, por incrível que pareça, caso concorde com alguma solução, pode acabar assassinado ou no mínimo renegado pelos membros radicais do grupo que alega representar.

---

3   Há uma importante exceção a essa regra na comunidade mundial dos ismaelitas, que encontrou seu representante e porta-voz no Aga Khan.

Isso me leva a refletir novamente sobre a ideia de cidadania. Uma importante razão para a estabilidade e a tranquilidade de sociedades baseadas nela é que os indivíduos vivem ciosos da garantia de seus direitos – separados de seus vizinhos por suas esferas de soberania particular, em que tomam suas decisões por conta própria. Isso significa que uma sociedade de cidadãos pode estabelecer boas relações e uma aliança compartilhada entre estranhos. Não é preciso conhecer seu colega para fazer valer seus direitos ou para se responsabilizar por seus próprios deveres em relação a ele, e o fato de o outro cidadão ser um estranho não altera em nada a ideia de que cada um de vocês está preparado para morrer pelo território onde podem desfrutar de uma lei. Esse traço notável de cidadãos-estado é sustentado por aquilo que já citei: autocrítica, representação e vida corporativa, fatores que não existem no mundo islâmico. O que os movimentos islâmicos prometem a seus seguidores não é cidadania, mas *irmandade* (*ikhwān*), algo mais caloroso, mais íntimo e mais satisfatório metafisicamente.

Contudo, quanto mais o apego se dá na base do calor e da intimidade, menor se torna seu alcance. Uma irmandade é seletiva e exclusiva; ela não pode ser espalhada para muito longe sem se expor a uma recusa repentina e violenta. Daí vem o provérbio árabe: «eu e meu irmão contra meu primo, eu e meu primo contra o mundo». A associação entre irmãos não é uma entidade nova, uma corporação, que pode negociar por seus membros. Ela se mantém essencialmente plural – inclusive *ikhwān* é exatamente o plural de *akh*, irmão, usado para denotar uma assembleia de pessoas que pensam da mesma forma, reunidas em nome de um interesse comum, em vez de uma instituição que pode alegar soberania sobre eles. Isso gera repercussões políticas significativas. Quando o sucessor de Nasser na presidência do Egito, Anwar Sadat, destinou assentos no Parlamento para a Irmandade Muçulmana, estes foram imediatamente ocupados por aqueles considerados adequados por ele e renegados pela *verdadeira* irmandade, que continuou com suas atividades violentas até conseguir assassiná-lo. Irmãos não aceitam ordens: eles agem de forma conjunta como uma família, até que briguem e se matem.

O último contraste entre o Ocidente e as comunidades muçulmanas me traz para a divergência final e mais crítica. Vivemos em uma sociedade de estranhos, que se associam rapidamente e toleram suas diferenças. A nossa sociedade não é uma sociedade de conformidade vigilante; ela faz poucas exigências públicas que não estão na lei secular e permite que pessoas se movam com rapidez de um grupo a outro, de um relacionamento a outro, de um negócio, uma religião ou um estilo de vida a outro. Ela é infinitamente criativa em achar instituições e associações que farão com que seja possível cada pessoa viver a vida e se manter em termos pacíficos com as outras apesar das diferenças, sem a necessidade de intimidade, irmandade ou lealdade tribal. Não estou dizendo que isso é bom; mas é como as coisas são, uma consequência natural da cidadania da forma como descrevi. Assim, o que torna possível viver desse jeito? A resposta é simples, e é a bebida. Aquilo que o Alcorão promete no Paraíso, mas que proíbe aqui embaixo, é o lubrificante necessário do dínamo do Ocidente. Isso pode ser visto claramente nos Estados Unidos, onde os coquetéis quebram imediatamente o gelo entre estranhos, colocando todos em sintonia e estimulando um desejo coletivo de acordo entre pessoas que minutos antes mal se conheciam. Essa forma de chegar ao ponto rapidamente depende de vários aspectos de nossa cultura, mas a bebida é um aspecto fundamental, e aqueles que se debruçaram sobre o fenômeno estão amplamente convencidos de que, a despeito de todo o preço que a civilização já pagou por conta do alcoolismo, acidentes e lares desfeitos, é graças à bebida que conseguimos ser tão bem-sucedidos no longo prazo. É claro, sociedades islâmicas possuem suas próprias maneiras de criar associações fugazes – o narguilé, as casas de café e as tradicionais casas de banhos árabes, reverenciadas por Lady Mary Wortley Montague como capazes de estabelecer uma solidariedade entre as mulheres de uma forma que não existe no mundo cristão. Mas essas formas de associação também acabam sendo formas de *retração*, uma acomodação em uma postura pacífica no intuito de evitar tomar parte nas decisões governamentais. A bebida tem o efeito oposto – ela aproxima estranhos num estado de agressão controlada, de forma que se sintam capazes e à vontade para se engajar em negócios que surgem justamente dessa conversa.

As questões às quais me referi não só explicam a singularidade da civilização ocidental: elas também servem para explicar o sucesso com que se deram as enormes negociações relacionadas aos avanços científicos e tecnológicos, assim como explicam a estabilidade política e o *éthos* democrático das nações que a compõem. Esses traços também servem para distinguir a civilização ocidental das comunidades islâmicas em que surgem os terroristas. E eles explicam o grande ressentimento desses terroristas que não podem se igualar, a partir de seus próprios recursos morais e religiosos, na competição contra seus rivais americanos e europeus.

Se isso é verdade, como podemos defender o Ocidente do terrorismo islâmico? Vou sugerir uma breve resposta a essa questão. Primeiro, devemos ter claro aquilo que estamos defendendo. Não estamos defendendo nossa riqueza e nosso território, que não estão em jogo. Estamos defendendo nossa herança política e cultural, encarnada nesses sete traços que expus. Em segundo lugar, é preciso ter claro que não superamos o ressentimento nos sentindo culpados ou admitindo nosso erro. A fraqueza só atiça ainda mais a outra parte, uma vez que alerta o inimigo para a possibilidade de destruir você. Deveríamos estar preparados para afirmar aquilo que temos e expressar nossa determinação em mantê-lo. Dito isso, temos de reconhecer que não é inveja, mas ressentimento, que move o terrorista. Inveja é o desejo de possuir o que é do outro, enquanto ressentimento é o desejo de destruí-lo. Como lidar com o ressentimento? Essa é a grande questão que tão poucos líderes da humanidade conseguiram responder. Entretanto, os cristãos têm a sorte de ser herdeiros de uma grande tentativa de responder a tamanho desafio, perpetrada por Jesus Cristo, sob influência da antiga tradição judaica que vem desde a Torá e foi expressa em termos similares por um contemporâneo seu, Rabi Hillel. O ressentimento pode ser superado com o perdão. Estender a mão em uma atitude de perdão nada tem a ver com acusar; envolve a doação ao outro. E é em relação a isso, parece-me, que tomamos a direção errada nas décadas recentes. A ilusão de que devemos nos culpar, de que devemos confessar nossos pecados e nos juntar à causa do inimigo, expõe-nos a um ódio ainda mais determinado. A verdade é que não somos culpados, que o ódio do inimigo é totalmente injustificável, que sua inimizade implacável não será desarmada por um *mea culpa*. Essa verdade pode dar a impressão de que não temos para onde correr.

No entanto, temos sim um caminho a seguir. Há dois recursos que podemos usar em nossa defesa – um público e um privado. Na esfera pública, podemos tratar de proteger as coisas boas que herdamos. Isso implica não fazer nenhuma concessão àqueles que desejam que troquemos cidadania por submissão, nacionalidade por conformismo religioso, lei secular por *shari'ah*, herança judaico-cristã por islã, ironia por solenidade, autocrítica por dogmatismo, representação por submissão, alegre ebriedade por abstinência censurada. Devemos tratar com escárnio todos aqueles que exigem tais mudanças e levá-los para viver onde esse tipo de sociedade já foi instaurada. E devemos responder à sua violência com a força necessária para contê-la, se pudermos.

Na esfera privada, todavia, os cristãos devem seguir o caminho de Jesus Cristo, e isso significa olhar sobriamente e com um espírito de misericórdia para as feridas que recebemos, e mostrar, por meio do exemplo, que essas feridas não fazem nada exceto desacreditar aqueles que as infligiram. Essa é a parte difícil – difícil de realizar, de endossar e de recomendar aos outros.

Biblioteca Âyiné

1 Por que o liberalismo fracassou?
Patrick J. Deneen
2 Contra o ódio
Carolin Emcke
3 Reflexões sobre as causas da liberdade
e da opressão social
Simone Weil
4 Onde foram parar os intelectuais?
Enzo Traverso
5 A língua de Trump
Bérengère Viennot
6 O liberalismo em retirada
Edward Luce
7 A voz da educação liberal
Michael Oakeshott
8 Pela supressão dos partidos políticos
Simone Weil
9 Direita e esquerda na literatura
Alfonso Berardinelli
10 Diagnóstico e destino
Vittorio Lingiardi
11 A piada judaica
Devorah Baum
12 A política do impossível
Stig Dagerman
13 Confissões de um herético
Roger Scruton

Composto em Baskerville e Helvetica
Impresso pela gráfica Formato
Belo Horizonte, 2021